KB113520

대한민국 경매 투자

이 책을 소중한

_____님에게 선물합니다.

_____ 드림

경매 투자로 꼬박꼬박 돈이 들어오는 '월세 통장' 만들기

대한민국 경매 투자

김도사 기획 · **김서진** 지음

위닝북스

부동산 경매 투자로
머니 시스템을 만들어라!

경매 투자의 핵심은 경매를 경영하는 사업력에 있다. 많은 직장인들이 부동산 투자에 실패하거나 손해를 보는 것은 직장인의 사고방식을 벗어나지 못한 채 투자를 지속하기 때문이다. 단 한 채에 투자하더라도 자본을 운용하는 방식을 익히고 사업가적인 태도를 갖추어야 저절로 움직이는 머니 시스템을 완성할 수 있다.

평생직장이 사라진 지금, 조기 퇴직자들은 소중한 퇴직금으로 너 나 할 것 없이 자영업에 뛰어들고 있다. 고정 수입이 있을 때 준비하지 않은 대가를 나이가 들어서까지 몸으로 치러야 하는 것이다. 몸을 고생시키지 않으려면 내가 직접 움직일 필요가 없는 돈 버는 시스템을 항상 연구해야 한다.

이 책은 부동산 법과 학문적인 지식을 다루기보다 실무 투자에서 쉽게 할 수 있는 실행력을 최우선 순위로 다루었다. 불필요한 지식은 철저히 버리고 돈과 관련된 항목만 추렸으므로 목차만으로도 충분한 부동산 경매 정보가 담겨 있다.

'노력'이라는 단어는 결과가 없다면 헛수고가 될 때가 많다. 고생은 고생대로 하면서 얻어지는 결과가 없다면 아무리 과정이 그럴듯해 보일지라도 알맹이 없는 것과 마찬가지다. 경매 투자는 시작에 앞서 정확한 방향을 설정하고 그 목표에 맞게 자신만의 길을 개척하며 가는 것이 가장 빠른 성공 지름길이다. 아무리 이론과 법률 지식이 많다고 해도 자신이 '왜 이 공부를 하는지', '왜 투자를 하는지' 목표를 정해 놓지 않으면 돈을 버는 시기는 그만큼 멀어지게 되어 있다. 또한 경매는 시시콜콜하게 모든 내용을 배울 이유가 없다. 실무 지식을 살피고 핵심을 파악해 투자에 대한 실전 기술을 익히는 것이 가장 빠르게 경매로 성공하는 방법이기 때문이다. 부동산의 시세를 조사할 때에도 조사의 핵심 포인트를 먼저 잡아내는 것이 중요하다. 가장 쉽고 효율적인 투자 과정을 이미지화하고 진행하면 시행착오를 거치지 않고 목표에 도달하게 될 것이다.

사람은 스스로 자신의 인생을 개척해 나갈 길을 찾아야 한다. 얼마 전 모 대기업의 전무와 이사를 상대로 보유 부동산에 대한 컨설팅을 한 적이 있다. 그들은 하나같이 한숨을 내쉬며

"막상 그만두고 나니 할 줄 아는 게 하나도 없어서 눈앞이 캄캄하다."라는 말을 했다. 단순히 경매 투자를 돈을 벌기 위한 수단이 아니라 젊었을 때부터 자신의 인생을 보다 여유롭게 만들기 위한 수단으로 삼아야 하는 이유가 여기에 있다.

내가 30대 후반의 나이에 경매 시장에 뛰어든 후 벌써 7년이라는 시간이 흘렀다. 나 역시 오랜 직장 생활을 경험하며 틀에 박힌 사고방식을 바꾸기가 쉽지 않았지만, 감사하게도 직장을 벗어나 나머지 인생을 사업가이자 투자가로 보내고 있다. 덕분에 경매 교육 사업을 하면서 보람도 느꼈고, 배우고자 하는 사람들에 대한 특별한 사명감을 가지게 되었다.

지금부터는 예전보다 자신의 노후를 부동산 경매 투자로 준비하려는 젊은 직장인들이 공격적으로 부동산 경매 시장에 대거 진입할 것이다. 내가 운영하고 있는 〈한국경매투자협회〉에는 20대에 부동산을 경매로 소유한 직장인들이 꽤 있다. 나는 일확천금을 노리며 큰돈을 버는 방법을 가르치는 것이 아니라 경매를 통해 훗날 여가 시간을 완성할 수 있는 사업가 마인드를 배우게 한다. 단발성으로 끝나는 투자가 아닌 세상을 보는 관점을 바꾸고 돈이 없을수록 돈을 잘 만들 수 있는 방법을 익히게 하는 것이다.

경매 투자는 일반 부동산 매매와 달리 인터넷 정보를 의지하거나 공인중개사 등에게 맡길 수 있는 것이 아니다. 바로 온전히 자기 자신이 그 일의 중심이 되어 분별하고 선별하며 확신하는 과정을 내 것으로 만들어야 지속적인 경매 투자를 할 수 있게 된다.

인생은 연습이 없지 않은가. 한 번뿐인 자신의 인생을 회사를 위해 평생 일만 하며 노후 걱정을 하지 말고 지금부터라도 자신만의 미래를 만들 준비를 하기 바란다. 그러나 경매 투자를 아무리 열심히 해도 방법이 잘못되어 있다면 돈을 버는 일은 쉽지 않을 것이다. 바로 이 책이 노력한 만큼 안목이 생기고 수익이 나는 그 방법을 쉽게 안내할 것이다.

마지막으로 두 번째 저서를 쓰는 동안 아낌없는 조언을 해주신 〈한국책쓰기1인창업코칭협회〉의 김태광 대표 코치님과 〈위닝북스〉 출판사의 권동희 대표님께 깊은 감사의 말씀을 드린다. 또한 항상 응원해 주는 부모님과 가족들에게 사랑한다는 말을 전한다.

2018년 12월

김서진

프롤로그

PART
1

부동산 경매 투자는
돈이 없어도 할 수 있다

PART 2

실전에 강한
부동산 경매 투자 노하우

PART
3

돈 되는 물건은
따로 있다

PART
4

집값 1,000만 원 올려 받는
인테리어 비법

부동산 경매 투자는
돈이 없어도
할 수 있다

월급쟁이는
부자가 될 수 없다

욕심이 없으면 평탄한 인생을 살 수 있다. 하고 싶은 욕심이 있기에, 하고 싶은 일
이 있기에 시련도 겪는 것이다. 벽에 부딪칠 일도 없다. 하지만 그래서는 진정한
뜻을 세우지 못한다. 욕심을 가져라. 그것이 우리를 성장시킬 원동력이 될테니까.
_ 사사키 쓰네오 《일과 인생의 기본기》 중에서

매주 월요일 아침이면 지하철을 타기 위해 바삐 움직였다. 그
당시 다니던 회사가 종로에 있어서 아침부터 서두르지 않으면
출퇴근길이 지옥철이 되기 일쑤였다. 어떤 사람들은 지하철 에
스컬레이터에 잠시도 서 있지 못하고 급하게 뛰어내리기도 하
고, 닫히기 직전의 지하철 문 틈 사이로 가방을 던져 가까스로
올라타는 사람도 있었다. 물론 타는 시간대도 중요하다. 직장인
의 출근시간은 보통 8시에서 9시까지가 많으니 이 시간대를 피
해 더 일찍 출근길을 나서야 그나마 편안하게 갈 수 있다. 직장
이 있는 지하철역에 도착하자마자 쏟아져 나오는 사람들 틈바

구니에서 일사불란하게 뛰는 일도 다반사다. 그렇게 출근시간 전에 회사에 들어서자마자 출퇴근용 지문 인식기에 손가락을 대는 것으로 한숨을 돌린다. 이런 일상은 퇴사할 때까지 반복된다. 직장생활이 힘들고 지치는 이유는 바로 이런 기계적인 일상에서 비롯되는 것이다. 회사가 정해 놓은 시간을 맞추느라 쫓기듯 생활하는 삶이 반복될수록 월급쟁이의 삶은 고달파지게 마련이다.

고달픈 현실을 탈출하려면 시간을 잘 활용하는 것이 중요하다. 시간은 누구에게나 똑같이 주어지지만 어떻게 쓰느냐에 따라 그 가치는 천지 차이다. 시간을 아껴 쓰는 사람이 있는 반면 시간을 허비하는 사람도 많다. 시간을 잘 활용하는 사람은 비용을 들여서라도 시간을 산다. 이들은 자신이 할 일과 그렇지 않은 일을 잘 판단해 필요한 경우 자신 대신 일해 줄 사람을 고용해 시간을 번다. 그렇게 아낀 시간으로 자신에게 더 필요한 일에 몰입한다.

나는 시간이 없다는 말을 입에 달고 살던 때가 있었다. 매번 프로젝트를 마감할 때 '하루만 더 시간이 있었으면 더 잘할 수 있을 텐데……'라는 아쉬움을 남기고는 했다. 시간이 있는 것과 없는 것의 차이는 크다. '시간이 없다'라는 말 속에는 감정적으로 쫓기고 있을 때가 많고 '시간이 있다'라는 뜻은 충분히 할 수 있다는 자신만의 자신감이 작용한다. 시간을 지배하지 않으면 늘 바쁘게 살아야 하는데 이 모습이 직장인들의 상당수 모습이다. 남이 운영하는 회사를 위해 벌꿀처럼 쉼 없이 일해야 할 뿐만 아니라 자기 자신을 돌볼 겨를도 없게 된다. 가장 무서운 것은 새로운 시도를 할 생각조차 없어진다는 것이다.

"아이와 여행은 어떠셨어요? 아이와의 관계는 더 좋아졌나요?"
"네, 아주 좋아졌어요. 다녀오길 잘한 것 같아요."

중학생 딸을 혼자 키우고 있는 지인의 입가에는 어느새 웃음꽃이 활짝 피어 있었다. 사춘기에 접어든 딸은 엄마의 관심이 필요했지만 직장생활로 바쁜 엄마는 늘 피곤했기 때문에 서로 갈등의 골은 깊어져만 갔다. 하지만 해외여행에서 딸과 깊은 대화를 나누며 서로를 더 이해할 수 있는 계기가 되었다고 한다.

시간을 잘 활용하는 방법은 우선순위를 어디에 두느냐에 달려 있다. 나는 직장생활을 하는 동안 많은 업무량을 소화하기 위해 늘 바빴다. 프로젝트 특성상 몇 달 간격으로 끝나는 일이 많았기 때문에 특별히 퇴근시간이 정해져 있지 않았다. 일에 대한 책임감 때문에 수당도 없는 야근을 계속하며 가족들과는 멀어져 갔다. 그러나 아무리 많은 시간을 일해도 급여는 변하지 않았고 몸은 계속 힘들어지기만 했다. 스스로 더 이상 버티는 것은 무리라는 것을 알면서도 이 생활에서 탈출할 방법이 생각나지 않았다.

나는 야근과 밤샘 근무가 당연했던 시기에 사회생활을 시작했다. 칼퇴근은 절대 생각할 수 없었고 할 일이 없어도 상사의 눈치를 보며 퇴근을 하던 시절이었다. 지금은 그 누구도 밤을 새워가며 일을 해야 성공한다고 생각하지 않는다. 오히려 업무 시간에 일을 끝내지 못한 것으로 여겨 능력이 없다고 생각하고, 야근 수당도 받지 못한 채 일하는 것은 불합리하다고 여긴다. 여기서 잠깐 지표를 살펴보면 2017년을 기준으로 경제협력개발기구(OECD) 회원국 평균 근로 시간은 1700여 시간이다. 반면 한국의 평균 근로 시간은 2050시간으로 근로 시간이 많은 나라로 세계 2위를 차지했다. OECD 평균보다 무려 350시간이나 많은 것이다. 일본은 1720시간으로 한국보다 330시간 정도 적게 일한다.

종종 젊은 시절로 돌아가고 싶다고 말하는 사람들을 만나게 된다. 하지만 나는 돌아가고 싶지 않다. 왜냐하면 나의 30대 시절은 그야말로 발바닥에 불이 나도록 뛰어다녔던 기억밖에 없기 때문이다. 결혼을 하고 가정을 이룬 후 생활비가 적어 지방 대학 두세 군데를 돌며 강사로 일을 했었다. 그만큼 힘이 닿는 대로 무조건 수입원을 만들어야만 생활을 유지할 수 있었기 때문이다. 그런데 지금 돌이켜 생각해 보면 많은 직장인들이 나름

대로 열심히 노력하며 살고 있다고 하지만 사실 그렇지 않을 때가 더 많아 보였다. 대부분의 사람들이 자기 자신의 삶에 집중하지 못한 채 자신의 삶을 개선시키지 못하는 한계에 부딪혀 살고 있다. 늘 자신과 비슷한 처지의 사람들과 어울리면서 신세한탄만 하며 시간을 흘려보낼 때가 많다. 살기 위해 노력한다는 것은 오직 자신의 삶을 의식하며 집중하는 것이다. 남과 다르게 가더라도 우선 자기 자신의 환경부터 개선시키는 것이다.

직장을 그만두고 경매 교육 사업을 하며 가장 힘들었던 것 중에 하나가 나를 알리는 노하우가 없어 사업을 지속하기가 힘들었던 점이다. 그때 나는 〈한국책쓰기1인창업코칭협회(이하 한책협)〉의 김태광 대표 코치를 찾아가 나의 경험과 노하우를 책으로 쓰는 방법을 배워 책을 출간했다. 그 덕분에 다시 사업을 일으키게 되었고 매달 평균 4~5명의 낙찰자를 배출하고 있다. 〈한책협〉은 대한민국 1등 책쓰기 성공학 교육 회사로 800여 명의 작가, 강연가, 코치를 배출한 곳이다. 또한 김태광 대표 코치는 'ABC 엔터테인먼트'를 설립해 작가들에게 사업에 대한 마인드와 운영 방식에 대한 노하우까지 아낌없이 전수해 주고 있다. 내가 메신저로서의 역할을 성공적으로 수행하고 있는 것도 바로 그의 가르침 덕분이다.

요즘은 '업'의 의미가 과거와는 달리 변화했다. 구직자는 평생직장 대신 내가 '성장할 수 있는 곳'인지 따져보고 직장을 선택한다. 안정적인 대기업에서 퇴사를 꿈꾸기보다 나만의 가게를 열어 조그맣게 장사를 한다거나 정년이 보장된 공무원직을 버리고 프리랜서가 되기도 한다. 베이비붐 세대와 X세대처럼 직장에 올인하지 않는다는 것이다. 그들은 이미 부모 세대들의 실직과 파산을 보고 들으며 자랐고 평생직장을 믿지 않는다.

한국의 프리랜서 비율은 지속적으로 증가하고 있다. 장기적인 취업난과 맞물려 취업을 포기하고 아르바이트로 생계를 이어가는 청년들도 많다. 4차 산업혁명의 영향으로 고용형태가 다양화되고 자기 전문성을 브랜드로 내세운 1인 창업이 급속도로 늘어났기 때문이다. 평생직장이 사라지고 투잡, 쓰리잡 시대가 열린 것이다. 앞으로 직장을 선택하는 기준은 '나의 성장 동력을 만들 수 있는 곳인가' 하는 것이다. 어떻게든 버티면서 다녀야 하는 곳이 아니라 자신을 성장시킬 수 있는 곳이 직장인 셈이다.

지금 당신의 삶이 힘들고 지쳐 간다면 온전히 스스로 생각하는 시간을 만들어야 한다. 시간이 없다는 평계 대신 새로운 탈출구를 찾기 위해 노력해야 하는 때다. 인생이란 어쩌면 고달픔의 연속일지 모른다. 하지만 계속 신세 한탄만 하고 있다면 성장할 수 있는 길은 절대 열리지 않을 것이다.

회사는 당신을 평생 먹여 살리지 못한다. 어느 시기가 되면 그만두어야 하는 때가 오고 그 은퇴가 미루어질수록 노후의 삶도 보장받을 수 없는 것이다. 직장생활을 하며 받는 급여로 돈을 모으다가는 노후에 병원비로 그 돈은 다 쓰고 오히려 부족할지도 모른다. 이제 100세 시대가 열리면서 60세 이후 30년 이상의 삶을 준비해야 한다. 퇴근하고 술자리나 모임에 갈 시간에 미래의 자신의 삶을 어떻게 준비해야 할지 고민해야 할 때다. 모임에 가더라도 미래에 대한 생산적인 이야기를 나눌 수 있는 환경에 자신을 노출시켜 보자. 단순히 자기계발을 한다는 명목으로 스펙 쌓기에만 열을 올린다면 장거리를 뛰는 선수는 되지 못할 것이다. 나의 시간을 어떻게 하면 자유롭게 쓸 수 있을지, 어떻게 하면 젊은 나이에 되도록 돈을 빨리 벌 것인지에 대해 항상 연구해야 한다.

열심히만 살면
돈을 모을 수 없다

"여보, 이번 달 생활비는 며칠만이라도 빨리 줄 수 있어요?"

"아직 일주일이나 남았는데 무슨 일이에요?"

"생활비는 이미 다 쓰고 카드 사용하고 있어요."

"……"

매달 생활비가 부족하다면 지출이 많거나 수입이 적다는 뜻
이다. 수입과 지출의 균형을 맞추려면 돈을 쓰고 버는 자신의
사고방식을 되짚어 볼 필요가 있다.

소비 사고방식

아이들이 태어나면서 한 달 생활비가 부족했던 일이 많았다. 그때는 내가 더 벌 수 있는 궁리를 하기보다는 어떻게 하면 더 아껴 쓸 수 있을지 생각했었다. 생활비가 빠듯하다보니 어디에 투자를 할 생각도 하지 못했고, 1년 만기인 적금도 기간을 채우지 못한 채 해지하기 일쑤였다. 투자는 부자들의 영역이라고 생각하면서 당연히 큰돈이 필요하다고 여겼기 때문이었다.

사실 가계 지출의 부족함은 들어오는 돈보다 나가는 돈이 많기 때문에 벌어지는 일이다. "적게 벌면 그만큼만 쓰면 되지 않을까요?"라고 반문하는 사람도 있겠으나 그 사고방식이야말로 지극히 가난한 사고방식임을 나는 깨달았다. 부족할수록 더 많이 벌 생각을 해야 하고, 생각의 초점을 수입을 얻는데 집중해야 한다는 뜻이다. 더 벌 생각보다 줄일 생각만 하면 의식수준도 그만큼 쪼그라들고, 당연히 투자할 생각도 하지 못한다. 어쩌면 이는 냉정히 말하면 게으른 성격에서 비롯되는 것이다. 더 먹고 싶고 갖고 싶지만 참고 견딘다는 것이 결코 부지런한 것은 아닐 것이다.

수입 사고방식

근로시간이 단축되는 것만큼 여가시간은 늘게 된다. 정부는 일과 삶의 균형 '워라밸(Work and Life Balance)'을 찾아야 한다는 취지로 주 52시간 근무제를 실시했지만 단축되는 시간만큼 수입은 줄기 때문에 오히려 여가시간이 부담스러운 사람도 많아졌다. 더욱이 여가시간이 늘어나면 지출도 늘어나게 마련이다. 수입은 줄었는데 지출은 더 는다면 돈을 모으는 것은 고사하고 빚만 생기지 않고 살아도 다행이라 여길 것이다. 절약하며 알뜰살뜰 살 수도 있겠지만 특히 자녀가 있는 가정이라면 아무리 아껴 쓴다고 하더라도 한계가 있음을 알 것이다. 먹고 싶고, 입고 싶고, 사고 싶은 것 등도 많은데 아이들 사교육비까지 더해지면 정말 인생을 쩔쩔매며 살아야 하고 노후대책은 물 건너간 것이나 다름없으니 말이다. 그러니 경제적인 고통을 이겨내는 것보다 지금보다 더 벌 수 있는 방법을 강구하는 편이 훨씬 쉽고 빠를 것이다.

과거에 나는 돈에 대한 욕심이 별로 없었고, 그것을 미덕으로 여기며 살았던 때가 있었다. '내가 좋아하는 일을 하고 있으니 얼마나 다행이고, 행복한 일인가'라는 생각으로 하루하루를 보냈다. 그런데 깨닫고 보니 그냥 '열심히'만 살면 절대 안 된다. '열심히' 살되 '욕망'이라는 불을 지펴라. 돈에 대한 욕망을 만들어야 돈을 버는 것에 집중하게 되고 어느새 지출보다는 모으는 데 초점을 맞추게 되기 때문이다.

시간을 낭비하는 습관

대부분의 직장인들은 업무가 일찍 마무리되거나 할 일이 없으면 뭘 해야 할지 모르는 것처럼 시간을 의미 없게 흘려보낸다. 통계에 따르면 직장인들이 근무시간 중 업무에 집중하는 시간은 3시간 정도라고 한다. 열심히 사는데도 돈이 모이지 않는 것은 바로 시간을 낭비하는 사고방식 때문이다. 나 또한 주어진 일을 끝내면 다음 일을 시작하기 전까지 마음 편하게 쉬고 싶다는 생각을 먼저 했다. 직장이라는 테두리 안에 갇혀 있으면 동물원의 동물처럼 제한된 사고방식이 어느새 자리 잡게 된다. 가장 안타까운 것은 여가시간이라도 생길 때 어떻게 시간을 계획해서 써야 할지 모른다는 것이다. 만약 수입은 항상 고정적인데 숨 쉴 겨를도 없이 살고 있다면 자기 자신을 한 번은 돌아봐야 할 것이다. 과연 이 시간에 어떻게 추가 수입을 만들 것인지 고민해야 열심히만 사는 인생에서 탈출하게 될 것이다.

시간을 버는 습관

일주일 동안 여러 가지 일을 하는 것은 부족한 수입을 늘리기 위한 노동 수단이다. 노동은 내가 직접 뛰지 않으면 수입이 발생하지 않는 한계가 있다. 그런데 육체노동을 언제까지 할 수 있을지 의문이 생기지만 당장 먹고 사는 일이 바빠서 여기까지 생각하며 사는 사람들이 의외로 적다. 조금만 생각해보면 지금 내가 해야 할 일이 무엇인지 깨달을 수 있는데도 말이다. 애플리케이션 개발로 대박이 난 20대나 소비자로서 상품을 사용하고 자신이 느낀 후기로 돈을 버는 유튜버들을 보라. 뭔가 느끼는 바가 있을 것이다. 미래는 많은 시간을 일하는 사람을 원하지 않는다. 또한 그만큼 시간을 적게 들여 일하거나 직접 일하지 않고서도 수입이 생기는 방법들이 지금보다 더욱 다양해질 것이다.

발로 뛰며 수입원을 만드는 방식

"석현아, 수업 끝나면 뭐하니?"
"저요? 아르바이트 가요!"
"돈 번다고?"
"네, 등록금 벌어야 해서요."

대학에서 강의를 하던 때의 일이다. 방과 후 아르바이트를 다니는 학생들이 꽤 많은 것을 보고 적잖이 놀랐던 기억이 있다. 또한 내게 경매 교육을 받는 교육생 중 한 명은 은행에서 보안 일을 하고 주말에는 아르바이트를 하며 추가 수입을 벌고 있었다. 부족한 수입을 늘리려면 쉬지 않고 알바를 더 하거나 재테크를 해야 한다. 공공기관에서 일하는 교육생 한 명은 추가 수

당을 받기 위해 일부러 야근을 하기도 했다. 이 또한 어떻게 해서든 수입을 늘리고 싶은 마음일 것이다. 나 또한 고정수입이 적어 아무리 먼 곳에 있는 대학이라도 불러만 주면 마다하지 않고 강의를 나갔었다. 충남 서산에 있는 대학에 나갔을 때는 막히지 않는다는 전제로 왕복 6시간 이상이 걸렸는데 아침 7시에 집을 나서서 저녁 9시에 집에 올라왔다. 이 일을 몇 년 동안 반복했었다. 그런데 이렇게 열심히 생활을 했어도 저축은커녕 생활비 걱정은 끊이지 않았다.

직접 일하지 않아도 수입이 생기는 방식

나는 '열심히 일해야 한다'라는 말을 싫어한다. 내가 열심히 일한 만큼 얻는 수입은 항상 기대에 못 미쳤기 때문이다. 남보다 월등한 재능이 있는 것이 아니라면 물리적으로 돈을 버는 속도에는 한계가 있다. 그런데 손오공처럼 자신의 분신들이 여러 역할을 해준다면 어떨까? 돈은 기하급수적으로 벌게 될 것이다.

나에게 그 손오공은 바로 책이었다. 책은 내가 잠을 자고 있는 동안에도 전국을 돌며 나를 홍보하며 세상에 알렸다. 책을 쓰지 않았던 시절에는 전국을 찾아다니며 무료 상담을 많이 했다. 그것이 나를 알리는 홍보 수단이었기 때문이다. 하지만 책이 출간된 후부터는 내가 있는 곳으로 사람들이 찾아오기 시작했다. 이렇게 내가 해야 할 일을 나 대신 일하게 하는 방법을 찾아야 한다. 다양한 매체들 중 자신의 경험을 전수해 비즈니스를 할 수 있는 사업이 있다면 적극적으로 활용해 볼 것을 추천한다. 유튜버처럼 동영상 하나로 수백, 수천 명을 넘어 전 세계 사람들에게 자신을 알리는 것도 좋은 홍보 수단이다. 열심히 사는데도 돈이 모이지 않는 이유는 크게 3가지로 나뉜다.

첫째, 버는 돈보다 쓰는 돈이 더 많다.
둘째, 일하는 시간은 많은데 수입은 상대적으로 적다.
셋째, 육체노동을 통해야만 수입이 창출된다고 생각한다.

요즘 사람들은 지금 당장 자신이 하고 싶은 일을 하면서 행복함을 누리는 것에 관심을 집중하고 있다. 자신이 잘할 수 있는 일을 찾음과 동시에 자기 성장도 도모할 수 있는 일을 택하는 것이다. 이러한 사고는 과거 부모 세대들이 해왔던 '열심히 노력하는' 방식과는 사뭇 다르다. 한 직장에 머물지 않고 끊임없이 자기 성장을 찾아 회사를 이직하는 추세가 증가하고 있는 것이 증거다.

직장을 택하는 기준과 태도가 달라지면 부를 쌓는 노하우도 달라지게 마련이다. 잘하는 것에서 전문성이 길러지고 그 전문성은 어느새 자신만의 재능이 된다. 미래는 재능이 자산이 되는 시대다. 쉽게 말해 돈벌이가 되는 것이다. 서로의 재능을 교환하는 플랫폼이 더욱 늘어나고 1인 기업가가 경제 사회를 주도해 간다. 거꾸로 평생직장을 꿈꾸는 월급쟁이들은 비주류로 전락해 열심히만 사는 인생으로 끝날지도 모른다.

부자는 절약과 저축만으로
만들어지지 않는다

"저는 5만 원이라도 다달이 1년 동안 적금을 넣는 것에 만족합니다."

"은행 이자가 얼마나 되는데요?"

"이자는 얼마 안 되지만 저축하는 것 자체에 만족감을 느껴요."

천천히 부자가 되고 싶다면 이 방법도 나쁘지 않을 것이다. 물론 돈을 적게 버는 입장에서는 당연히 적은 돈이라도 저축을 하는 것이 좋다. 그런데 여러 계좌를 만들어 많지도 않은 돈을 쪼개어 저축을 하기도 한다. 적은 돈은 나눌수록 제 힘을 발휘하지 못한다. 주식 시장에서 흔히 말하는 분산투자는 일정 규모의 자산이 형성되어 있을 때 리스크를 줄이기 위한 전략이다. 이 방식을 누구나 그대로 적용하는 것은 무의미하다. 그 이유는 적은 돈일수록 최대한 한곳에 집중적으로 모아서 투자를 반복해야 양적인 가속도가 붙기 때문이다. 어떤 사람들은 당장 쓸 돈도 없는데 어떻게 투자까지 하냐고 묻는다. 그런데 이 생각이야말로 정말 잘못된 생각이다. 만약 저축할 돈이 없다면 더더욱 부수입을 만들어야 하지 않을까. 적금은 약정 기간 동안 푼돈을 저축하는 것인데 이것이야말로 시간을 버리는 일이다. 그러나 은행은 그 시간 동안 대출을 해주고 높은 이자를 매겨 돈을 번다. 주는 이자는 적게, 받는 이자는 많이 받는 것이 은행이다. 돈은 한곳에 머무를수록 마이너스가 된다. 반복적인 투자를 통해 돈의 양과 속도를 빠르게 키우는 것이 가장 중요한 핵심이다.

절약하지 않으면 부자가 될 수 없지만 고정된 수입 안에서 절약만으로 부자가 되기란 한계가 있다. 여기서 우리는 빈자와 부자 사이의 절약의 의미는 큰 차이가 있다는 것을 알아야 한다. 가난한 사람에게 절약이란 쓰지 않고 단순히 아끼는 차원이지만 부자는 현명하게 돈을 쓴다는 의미가 추가된다.

다시 말해 부자는 돈을 어떻게 더 벌 것인가에 초점을 맞추고 돈을 현명하게 지출하는 것을 절약이라고 표현한다. 반면에 가난한 사람은 돈을 지금보다 더 벌 고민을 하지 않고 고정 소득을 얼마나 더 아껴 쓸 것인지 고민한다. 차이점을 이해하겠는가? 부자에게 절약은 돈을 현명하게 씀으로 시간을 아끼거나 자신이 가치가 있다고 여기는 것에 투자해 더 큰 성과를 거두는 것이다.

저축이 최고의 부의 지름길이라고 생각하는 사람들은 대부분 대출에 대한 생각이 부정적이다. 예를 들어 부동산 투자를 하려면 은행에서 대출을 받는 일은 불가피한 것이다. 가령 피아노를 혼자 들어 옮겨야 한다고 생각해 보자. 거의 불가능에 가까울 것이지만 다른 사람의 도움을 받아 옮기면 양쪽에서 들기 때문에 한결 수월하다. 이와 같은 논리로 부동산은 무거운 재화다. 1,000원짜리 물건을 쉽게 사고파는 수준의 것이 아니다. 무거운 만큼 함께 들어줄 누군가가 필요한 것이다. 그 누군가가 바로 은행이다. 은행은 대출이라는 장사를 통해 이자를 버는 곳이지만 되도록 많은 돈을 빌려줘서 그만큼 이자를 받는 것이 주 수입원이다. 고객의 저축도 관리하지만 그들의 수입원은 엄연히 대출 이자인 셈이다. 은행이 대출 상품을 내놓지 않으면 경영이 어려워진다. 국가 또한 절약과 저축을 권하지만 국민연금으로 주식에 투자한다. 그렇다면 왜 부자와 국가는 저축만 하지 않고 투자를 반복하는 것일까?

짧은 시간에 돈의 규모를 크게 키우려면 대출의 힘을 빌려야 한다. 직장 월급의 일부를 떼어 저축하고 생활비를 절약해서 모은 돈으로는 수년이 걸리기 때문이다. 언젠가는 돈이 모이겠지만 대부분의 사람들의 목적은 한 살이라도 젊고 건강할 때 부를 일구는 것이 아닌가. 가능한 빨리 벌어 풍요롭게 사는 것이 재테크의 핵심이다.

1년에 1,000만 원을 모으려면 한 달에 적어도 90만 원을 저축해야 한다. 결혼을 하지 않은 사람은 어려운 일이 아닐 수 있으나 가정을 꾸리고 아이까지 양육하는 집에서는 정말 힘든 일이다. 그나마 연봉이 높은 대기업이라면 괜찮겠지만 이런 사람이 대한민국에 몇 퍼센트나 되겠는가. 무조건 먹는 것도 줄이고, 입는 것은 아예 포기해야 가능한 일이다. 또 자녀에게 들어가는 학원비와 주말에 나들이라도 나가게 된다면 머리가 더욱 아파질 것이다. 그런데 월급쟁이 직장인들은 늘 이런 삶을 반복하며 살고 있다.

시간을 단축시키는 일은 돈을 버는 것 이상으로 가치를 부여한다. KTX를 타고 가려면 일반 열차를 타는 비용보다 더 많은 금액을 지불한다. 절약을 물리적인 측면에서 이해하는 것은 하나만 알고 둘은 모르는 것이다. 젊은 나이에 부자가 되고 싶은가 아니면 거동이 불편할 정도의 나이가 되서야 부자가 되고 싶은가. 깨진 독에 물을 일시적으로 가득 채우려면 물이 채 빠져

나가기 전에 많은 양의 물을 빠른 속도로 부어야 한다. 직장인은 하루에 소화해야 할 일이 많든 적든 업무 시간을 채우고 퇴근한다. 사업가는 일을 빨리 처리할수록 더 많은 양의 일을 할 수 있고 그만큼 돈도 벌 수 있다. 직업과 사업의 차이는 바로 시간 절약에 있다. 이 둘은 시간을 절약하는 방법에서도 차이가 난다. 직장인은 직접 일을 하지만 사업가는 나 대신 일할 사람을 고용한다. 그만큼 나 대신 누군가가 일을 해주고 있기 때문에 시간을 절약할 수 있게 된다.

내가 이렇게 구구절절하게 설명하는 이유는 아직도 절약에 대해 2차원적인 사고방식을 가진 사람들이 많기 때문이다. 돈을 지출할 때마다 어떻게 돈을 쓰는 것이 시간을 절약하는 방법인지 생각하며 그 시간을 절약함으로써 발생되는 가치까지 생각해 보자.

사람은 근검절약하며 살기 위해 태어난 존재가 아니다. 누구나 돈을 벌 수 있는 무한한 가능성을 갖고 태어난다. 아무리 돈이 없더라도 스스로에게 절약을 강요하면 심리적으로 항상 위축된 생활을 할 수 밖에 없다. 가족과 함께 외식을 가려고 해도 한 번 참게 되고 여행을 가고 싶어도 다음으로 미루게 된다. 나 자신에게도 투자하는 일을 망설이게 되는 것이 가난한 사람들의 절약 방식이다.

나 또한 절약만 하며 살았다. 그런데 생활이 나아지기는커녕 문화생활의 범위가 좁아지고 인간관계도 소원해졌다. 심리적으로 위축되다보니 더 벌 생각보다는 덜 쓸 생각이 들었고 그만큼 돈이 모이는 속도는 늦어졌다.

이미 우리나라의 경제 성장률은 저성장을 이어왔다. 성장이 없는 불황기에는 개인이든 기업이든 모두 어렵다. 개인의 주머니 사정이 좋지 않으면 소비가 위축되고 기업의 비즈니스도 영향을 받는다. 사상 최악의 실업률은 미래를 더욱 암울하게 만들 뿐이다. 정부는 제대로 된 해결책을 제시하지 못하고 인위적인 부양책을 통해 성장률만 높이려고 한다. 한국 경제가 살아나고 저성장의 늪에서 빠져나오려면 개인의 근로소득을 높일 수 있는 방법을 찾아야 한다. 이런 늪에서 개인이 살아남을 수 있는 해결책은 무엇일까. 단순히 직장에서 버는 고정수입만 바라보고 살아서는 답이 없다.

부자는 불황일 때 돈을 번다. 그 이유는 불황일 때 제값보다 값이 떨어지는 상품들이 많기 때문이다. 시쳇말로 싼값에 사들여 경기가 나아지면 제값에만 팔아도 이득을 보는 것이다. 지금과 같은 시기가 돈이 없는 사람에게는 부동산으로 재테크를 시도할 수 있는 기회가 된다. 부동산 시장도 사고파는 행위 자체가 주춤거리고 서울을 제외한 대부분의 지역의 부동산 가격도 하락세이기 때문이다.

과거의 나처럼 통장의 잔고가 바닥이라면 돈이 모일 때까지 기다려서는 답이 없다. 돈은 당신을 기다려주지 않을 테니까. 자신이 세상의 흐름에 맞춰 변화해야 빨리 성공할 수 있다. 반대로 자신에게 세상을 맞추려고 하면 성공은 멀어질 것이다.

돈을 버는 행위는 물리적인 시간이 필요하다. 왜냐하면 자신의 육체적 노동을 일정 시간 투신한 후에야 돈을 벌 수 있기 때문이다. 결국 육체적 노동은 곧 한계를 드러낸다. 돈을 버는 개념보다 돈을 만들 수 있는 방법을 강구해야 하는 것이 바로 이 때문이다.

내가 이렇게 생각할 수 있었던 이유는 무엇일까. 돈이 없었기 때문이다. 돈이 충분했다면 굳이 어렵게 고민할 이유도 없었을 것이다. 지인에게 돈을 빌려 경매 투자를 시작했지만, 무작정 돈을 빌리지는 않았다. 내가 돈을 빌리기도 전에 이미 빠른 시간 내에 갚을 수 있는 시나리오를 세워놓고 시작했다. 어떻게 되겠지 하는 생각으로 무턱대고 돈을 빌리는 행위는 무모한 일이다.

절약과 저축은 최소한의 목돈을 모으기 위한 과정으로 삼는 것이 현명하다. 저축만으로 끝낼 것이 아니라 시간을 아끼는 방향으로 절약해야 큰돈을 벌 수 있다. 가령 면접을 보러 가는데 시간이 늦었다면 택시를 타야 할까, 버스를 타야 할까? 단순히 돈을 아낀다고 생각하면 버스를 타야 할 것이다. 하지만 시간을 아껴야 할 때는 더 많은 돈을 지불하고서라도 택시를 타는 것이 옳다.

돈을 쓸 때에는 늘 가치를 보고 지출해야 현명한 절약이 된다. 부자들이 생각하는 본질적인 절약의 의미를 모른다면 아무리 돈을 많이 모아도 결국 몸과 정신 모두 즐거움을 누릴 수 없게 된다. 큰 걸음으로 시간을 단축시키는 재테크를 선택하라. 돈을 안 쓰는 데 초점을 두지 말고 시간을 절약하는 데 초점을 둔다면 돈을 만드는 방법이 보일 것이다. 경매 투자는 부동산이라는 유동 자산을 고용해 내가 일할 시간에 대신 일하고 돈을 벌어 준다. 경매야 말로 돈을 만드는 첫걸음이다.

경매는 자본운용이 가장 중요한데 돈이 없는 직장인이라면 투자 대비 회수되는 보증금의 규모가 큰 물건을 선별하는 것이 좋다. 초기에 투입되는 돈이 적고 회수되는 보증금이 많으면 재투자가 가능해지고 항상 이기는 싸움을 할 수 있게 된다.

돈이 없어도
부동산 경매를 시작할 수 있다

당신은 가난한 사람인가 부자인가? 나는 가난하다는 사실을 모르고 살았다. 만족했다기보다 더 벌어야 한다는 생각 자체를 포기하며 살았던 것이다. 내 집 마련에 대한 욕심이나 더 좋은 차를 타고 싶은 욕구도 없다시피 하며 살았다. 나는 내 자신이 중산층인 줄 착각하며 30대의 절반 이상을 살았다. 지금 생각해보면 창피한 일이다. 한 달 벌어 한 달을 살았고 남들이 평범하게 즐기는 여가시간에도 일하기 바빴다. 물론 휴일에 일해도 추가 수당은 없었다.

사회생활을 시작하면서 선택할 수 있는 직업은 하나뿐이라고 생각했다. 요즘처럼 투잡, 쓰리잡을 할 생각이나 의지도 없었다. 과거의 나는 지금 내가 생각하는 가장 최악의 사고방식을 갖고 산 셈이다. 자신이 하는 행동이 가난한 행동인지 모르는 사람이 많다. 가난한 사람들의 사고 습관 중에 가장 큰 특징이 있다면 사람을 무기력하게 만드는 것이다. 가난한 환경에서 일정 기간 익숙해지다 보면 그것이 생활의 일부가 된다. 가난이 당연해지면 가난에서 벗어나기 위한 행동을 시작조차 하지 않는 것이다.

내가 중산층도 안 된다는 사실을 알아챘을 때 내 나이는 30대 후반에 접어들고 있었다. 땅을 치고 후회해도 시간을 되돌릴 수 없었다. 나는 걱정을 많이 안고 살았다. 어떤 일을 시작도 하기 전에 그 일에 대해 미리 앞서 걱정하며 대비해야 비로소 안심이 되었다. 하지만 정작 미래에 부를 더 생산하기 위한 고민은 하지 않았다. 중요한 것은 바로 이 시점이다.

가난한 사고를 지닌 사람의 특징은 애초부터 가난을 예상하고 있다. 쉽게 말해 노력해도 안 된다는 체념과 절망으로 가득하다. 누가 무슨 말을 해도 안 된다는 말부터 꺼낸다. 이런 사람들은 가난을 당연한 것으로 여긴다. 그 당연함을 인정할 때 가난은 현실이 된다. 부에 대한 희망을 꺼낼 기회조차 스스로에게 주지 않는 것이 얼마나 치명적인 일인가. 특히 큰 사고를 당하거나 미래의 안 좋은 일에 대비하기 위해 돈을 모은다. 그들이 돈을 모으는 이유는 부정적인 미래를 예고하는 것일 뿐이다. 부정적인 상황에 생각의 힘이 집중되면 늘 근심걱정으로 하루를 보내게 되고 예고한 미래는 현실이 된다.

"여보, 나 로또 샀어."

"얼마나요?"

"10만 원 어치 샀어."

"네? 왜 그렇게 많이 샀어요?"

"어제 좋은 꿈을 꿨거든."

"맞지도 않는 꿈을……."

나는 가난한 사고에 중독되어 있는 것부터 탈출하기 위해 부에 대한 소유욕을 높이기 시작했다. 한번은 좋은 꿈을 꾸고 1등과 2등이 몇 번 나온 적이 있는 로또 판매점에 가서 10만 원 어치 로또를 구매했다. 로또나 복권을 사면 한 번도 당첨된 적이 없었지만 이 날만큼은 꿈이 좋았기 때문에 기대가 되었다. 그러나 결국 단 한 장의 당첨도 나오지 않았고 10만 원은 허무하게 날아갔다.

직장인이라면 대부분 로또로 인생 역전을 꿈꿀 것이다. 그런데 정작 로또에 당첨되었다고 생각하면 그 돈이 너무 커서 어떤 기분이 들지도 상상도 못하면서 말이다. 가난한 사람들은 돈이 있을 때의 감정보다 돈이 없어서 힘들다는 말을 많이 내뱉는다. 돈이 없다는 데 초점을 두고 무의식적으로 살아가고 있는 것이다. 결국 뇌는 돈이 없을 때의 감정을 전달하여 돈이 많을 때의 감정을 느낄 사이도 없이 부자가 되려는 의지마저 꺾어 놓는다.

혹시 돈이 많아서 고민해 본 일이 있는가? 주체할 수 없을 정도로 돈이 많을 때를 상상하며 그 돈을 어떻게 관리할지 생각하는 훈련을 해야 한다. 부자들은 돈이 없다는 것을 상상조차 하지 않으며 부유함으로 누릴 수 있는 것들을 더 얻으려 노력한다. 돈이 없으면 생활하는 데 제약도 많고 불편함도 따른다. 이 불편함을 참느냐 그렇지 않느냐의 차이가 바로 부자와 빈자의 출발점이다.

가난한 사람은 불편함을 기꺼이 감수한다. 다소 불편해도 정해진 날짜에 나오는 월급을 받는 것이 편하다고 생각한다. 직장인은 정해진 시간 안에서 규칙대로 움직인다. 이런 생활은 1년 내내 반복되고 퇴직할 때까지 이어진다. 뇌는 이런 반복된 행위를 습관으로 인식함과 동시에 당연함으로 받아들이기 시작해 틀을 벗어나려는 시도를 애써 하지 않게 된다. 도전은 의지가 있어야 하는데 이 의지는 마음이 움직여야 실천으로 이어진다. 그러나 마음조차 없으니 의지도 없고 시도도 하지 않는 것이다.

경제적으로 여유로운 사람은 경매 시장에 잘 들어오지 않는다. 나 역시 가진 돈이 많았다면 경매를 하지 않았을 것이다. 내가 경매를 처음 시작할 때 돈이 되는 부동산을 고르는 안목도 없었고, 부동산은 법을 잘 알아야 한다고 생각했기 때문에 진입 장벽이 높은 시장이라고 여겼었다. 게다가 나는 법과는 거리가 먼 인테리어 디자이너였으니 당연히 생각만 해도 머리가 지끈거렸다. 그리고 낙찰을 받아도 살고 있는 사람을 내보내야 하고 여기저기 손상된 부분을 찾아 수리해야 하는 번거로움까지 있다고 생각하니 굳이 시간과 노력을 들여 경매에 나설 이유가 없었다. 그런데 어떻게 해서 내가 경매 투자를 결심하게 되었을까. 바로 돈이다.

아무리 아니라고 해도 생활할 돈이 없어 보니 경매를 찾게 된 것이다. 분양 시장으로는 접근할 엄두조차 나지 않았지만 경매만큼은 그렇지 않았다. 다 쓰러져가는 집에서도 임대료가 나오고 버스도 다니지 않는 곳에서도 사람들은 차고 넘치게 산다는 것을 경매 투자를 하며 알게 되었다.

사람들은 돈이 많았으면 좋겠다는 생각을 하면서도 돈을 더 벌려는 궁리는 하지 않는다. 왜일까? 바로 우리나라 교육에 문제점이 있음을 알게 되었다. 현재 금융 교육에 대해 가르치는 대학은 단 한 군데도 없다. 더구나 부자가 될 수 있는 방법에 대해 가르치는 과목도 존재하지 않는다. 그러니 직장을 다니는 것에 인생의 목표를 세울 뿐 그 이상의 것은 배울 수 없는 것이다. 지금 경제적으로 고통스럽다면 스스로에게 자문해 봐야 할 것이다.

당신은 사고 싶은 명품 가방이 있는데 살 돈이 없다면 어떻게 하는가. 두 부류로 나뉜다. 몇 달을 허리띠를 졸라매서 돈을 모은 다음 구입하는 사람이 있고, 어차피 내가 살 수 있는 물건이 아니라고 생각하여 생각조차 하지 않는다. 나는 후자에 속했다. 어차피 내가 살 수조차 없는데 생각해서 무슨 소용이냐며 욕구 자체를 없애 버렸다. 명품이 무슨 소용인가 가방은 소지품만 담을 수 있으면 그만이라고 생각하는 것이 바로 돈이 없을 때 나타나는 가난한 사고방식이다.

당신은 돈이 없을수록 말로 자주 표현하는 편인가? 돈이 항상 없는 사람은 저렴하게 살 수 있는 할인 매장을 습관적으로 찾는다. 모든 행동이 아끼는 방향으로 끌리게 되는 것이다. 사람은 환경에 적응하는 동물이다. 의식 수준이 낮은 사람들과 어울리거나 물리적으로 가난한 환경에 자신을 자주 노출시키면 뇌는 가난을 자연스럽게 받아들이게 된다. 적응은 습관을 낳고 습관은 당연함이 된다. 궁핍한 굴레에서 벗어나기란 거의 불가능에 가까워진다. 이를 극복할 수 있는 방법은 돈에 대해 배우고 돈을 어떻게 만들 것인가에 대해 생각하는 것이다.

돈에 대해 이야기하는 환경을 찾아 자주 접하는 것이 가난이라는 늪에서 빠져나오는 가장 빠른 지름길이다. 물론 자기계발서를 읽는 것도 좋지만 혼자서 읽기만 해서는 독서로 끝날 뿐 자신의 삶을 바꾸지 못할 확률이 크다. 읽어서 깨닫고 자기 것으로 만들어 작은 습관이라도 변화시켜야 한다. 나 또한 자기계발서를 많이 읽었지만 물리적인 변화는 전혀 없었다. 일회성으로 정신적 만족감에 그치는 자기계발은 인생을 허비하는 일일 것이다. 배움을 돈으로 바꾸는 기술을 찾아 익혀라. 이것이 스펙을 쌓는 일보다 훨씬 중요한 일임을 깨달아야 한다.

돈이 없어서 하고 싶은 일을 못한 경험이 있는가? '에이 할 수 없지, 돈도 없는데…….'라는 사고방식은 부자가 되는 데 전혀 도움이 되지 않는다. '어떻게 하면 갖고 싶은 것을 살 수 있을까?'라며 방법을 생각할 수 있어야 한다. 원하는 것을 얻었을 때 자신이 느끼는 감정이나 모습을 떠올리며 그 방법을 강구해야 한다. 그것은 목표로 하는 금액의 규모에 맞는 수단이어야 한다. 가령 명품 신발 한 켤레 정도를 구매하겠다면 월급의 일부를 몇 개월 동안 모으면 될 것이다. 하지만 노후에 일을 하지 않고도 생활할 수 있는 수입을 만들려면 적어도 펀드나 적금 이자만으로는 어림도 없는 일이다. 작은 걸음으로 오랜 시간을 거치기보다 큰 걸음으로 빠른 시간 내에 목표에 도달하는 것이

세월을 아끼고 돈을 버는 길이다.

돈을 빨리 벌고 싶다면 그에 맞는 재테크 수단을 찾아 활용해 빠른 성과를 내야 한다. 대출 규제가 강화되고 다주택자를 겨냥한 대책이 쏟아지고 있지만 아무리 따져 봐도 부동산 만한 재화는 없다. 오히려 돈이 없는 사람들에게는 침체기에 낮은 가격에 매수할 수 있는 절호의 기회가 된다.

"기회는 작업복 차림으로 찾아온다."라는 에디슨의 말처럼 부동산 경기가 얼어붙어 있을 때 관심을 가져야 없는 돈으로 저평가된 부동산을 매수할 기회를 찾을 수 있다. 기회는 욕구가 있어야 잡을 수 있다. 돈에 대한 욕구는 가난이라는 당연함을 벗어날 때 그 모습을 드러낸다. 푼돈을 저축하며 하루살이 같은 인생에 만족한다면 기회는 오지 않을 것이다. 나는 돈이 없었기 때문에 방법을 찾았고 그 방법은 적중했다.

돈이 없다면 어떻게 해야 돈을 만들 수 있는지 끊임없이 연구하라. 여기서 나는 무작정 돈을 벌기 위한 수단으로 경매가 답이라고 말하지 않겠다. 자신의 성향에 맞는 재테크를 찾고 한 우물만 파는 전략으로 몰입하라. 종이를 태우려면 돋보기로 햇빛을 한곳에 모아야 하는 것처럼 한 가지에 몰입하면 돈이 모이는 속도도 빨라질 것이다.

직장인도 부동산 경매
투자를 할 수 있다

"이번 달은 시간이 안 되니 생각해 보고 다음에 배울게요."
"업무가 바빠 나중에 배워볼까 생각 중입니다."

경매 투자로 단시간 내에 성공하는 사람의 특징은 이런저런 핑계를 대지 않는다. 오히려 핑계를 댈 여유가 없다는 편이 맞는 말일 것이다. 만약 정글에서 혼자 걷고 있는데 뒤에 사자가 쫓아오면 어떻게 하겠는가. 뒤를 돌아볼 여유도 없이 앞만 보고 뛰며 나무 위를 기어올라가든지 피할 곳을 찾아 재빨리 움직이는 것만이 살아남는 유일한 길일 것이다.

경매도 정글에서 살아남듯이 한번 배워볼까라는 어설픈 생각으로는 돈을 벌 수 없다. 경매 시장은 몇백만 원 정도 되는 돈을 그럭저럭 버는 곳이 아니다. 부자는 돈과 시간을 만들기 위해 그것에만 집중한다. 그러나 가난한 사람은 돈과 시간을 소비하는 데 초점을 둔다. 부자는 시간을 아껴 어떻게 돈을 벌 것인지 끊임없이 고민하지만 가난한 사람은 이러한 고민을 하지 않는다. 왜냐하면 돈이 많았으면 하는 바람은 있지만 지금의 생활에 만족하기 때문이다.

우리나라에서 1등 직장인이라고 하면 아마도 공무원일 것이다. 국가가 부도가 나지 않는 이상 공무원 급여가 밀릴 일은 없기 때문이다. 게다가 공공기관 종사자들은 다른 기업 직장인들에 비해 업무 시간도 규칙적이다. 그만큼 퇴근 후 자기계발할 시간도 확보할 수 있다. 그래서인지 부동산 투자에 관심을 갖는 공무원들이 부쩍 많아졌다. 이에 반해 사기업에 다니는 직장인들은 돈 벌 시간이 없다. 업무에 치이고 상사에게 보고하느라 하루를 정신없이 보낸다. 한가한 시간이라도 생기면 동료 직원과 담배를 피우거나 잡담을 나누며 시간을 보낸다. 이런 시간들이 모여 하루가 되고 한 달이 되고 1년이 된다.

누구나 핑크빛 미래를 꿈꾸지만 지금 내가 낭비하는 시간부터 미래는 출발하는 셈이다. 오늘 하루 자신이 어떻게 시간을 보냈는지 생각해 보자. 시간을 가계부나 사업계획서를 쓰듯 계획적으로 나누어 써 본 적이 있는가. 얼마나 많은 시간을 낭비하고 사는지 뼈저리게 느낄 것이다.

나의 강의를 들으러 찾아온 30대 여성은 다른 곳에서 넉 달동안 비용을 들여 단계별로 경매 강의를 들었다고 했다. 그런데 몇 년이 지나도록 낙찰 한 번 받지 못하는 상황이었다. 그녀는 권리 이론만 치우쳐 배웠기 때문에 정작 돈이 되는 물건이 무엇인지 가려내지 못하고 있었다. 그러던 중 내가 대표로 있는 〈한국경매투자협회(이하 한경협)〉를 찾아와 1주차 교육을 받고 돈이 되는 물건을 찾아 고른 후 수익률을 빠르게 계산하는 능력을 터득했다. 스스로도 놀라워하고 뿌듯해했다.

어떤 곳은 초급반부터 고급반까지 만들어 놓고 오랜 기간에 걸쳐 모든 레벨을 거치게 한다. 그런데 전 과정을 이수하고도 낙찰은커녕 법원 한 번 못 가본 수강생들이 수두룩하다는 것을 듣고 놀라지 않을 수 없었다. 부자는 돈보다 시간을 아끼는 것을 더 중요하게 여긴다. 쉽게 말하면 KTX를 타고 가는 사람은 그만한 가격을 지불하고 시간을 버는 것이고, 버스를 타고 가는 사람은 시간을 버리고 돈을 절약하는 길을 택한 것이다. 그런데 정작 배움에 있어서 버스를 택하는 사람이 상당수다.

시간이 없다면 돈으로 시간을 사서 빨리 갈 수 있는 수단을 선택하는 것이 돈을 더 벌게 되는 길임을 잊지 말자. 재테크의 가장 최우선 순위는 돈을 불리는 속도에 있다는 것을 깨달아야 한다.

돈이 없을수록 속도가 빠른 재테크를 선택해야 젊었을 때 많은 돈을 모을 수 있다. 벌어들이는 속도가 빠를수록 돈이 불어나는 속도도 빨라지기 때문이다. 돈이 빠듯할수록 투자한 원금을 절대 잃어서는 안 되며 원금 보전이 확실해야 흩어지지 않는다. 성과를 빨리 내기 위해서는 시간을 그만큼 단축시킬 수 있는 방법을 찾아야 한다. 시간을 단축시키는 방법은 미리 앞서 간 사람의 노하우를 습득하면서 시행착오를 줄이는 것이다. 이때 배울 때의 열정과 배운 후의 열정에는 차이가 생기기 마련인데 배우고 난 후 열정을 유지하지 않고 다른 일에 몰두하면 배움의 효과는 흐지부지 되기 쉽다.

나는 항상 배운 즉시 낙찰을 받아 보라고 강조한다. 과정 도중에 낙찰을 받기도 하는 이유가 여기에 있다. 나는 좋은 물건이 보이면 교육생을 실전 세계의 바다에 빠뜨린다. 이때 겪게 되는 과정을 통해 살아 있는 지식을 직접 습득하게 되기 때문이다. 100% 실전 지식이 몸속 깊이 스며들게 되면 그동안 보이지 않아 답답했던 시야가 확 트이는 것을 경험할 수 있다.

통계에 따르면 우리나라 직장인들의 평균 업무 집중 시간은

약 3시간 정도라고 한다. 왜 그럴까? 수많은 연구와 조사에 따르면 타인의 전화 통화로 업무의 흐름이 끊기거나 약속 없이 불쑥 찾아온 방문객 때문에 시간을 낭비하는 요인이 크다는 결과가 나왔다. 그만큼 일한 시간의 양보다는 노력의 질이 중요하다는 뜻도 될 것이다. 유난히 회의가 많은 한국의 기업문화도 시간 낭비의 대표적인 사례다. 중간에 휴식을 취하거나 잡담을 나누는 일로 상당한 시간을 소비한다. 또한 일을 미루거나 결정장애로 인해 판단을 유보하는 일도 시간을 낭비하는 대표적인 요인이다.

지금 자신이 허비하고 있는 일이 무엇인지 목록을 만들어 보면 얼마나 많은 시간을 흘려보내고 있는지 쉽게 확인할 수 있을 것이다. 시간 활용을 잘하고 싶은 직장인이라면 집중하는 대상을 한 가지 정해 놓고 목표를 달성할 때까지 매일같이 그 대상을 떠올려 보자. 아침에 눈을 떠 다시 잠자리에 들 때까지 오로지 성과를 내야 할 대상 한 가지를 집중적으로 떠올리면 잠재의식이 발동한다. 곧 일상에서 접하는 모든 상황들이 그 대상을 빗대어 해석하게 되고 아이디어가 하나둘 떠오르기 시작한다.

경매 공부는 부동산을 스스로 조사하고 분석하는 과정을 거쳐야 완성된다. 예측하지 않고 수익률이 확정되어 있기 때문에 배움의 완성도 명확하다. 배움은 끝이 없다고 하나 경매 공부는 끝이 있다. 일단 체계적인 규칙을 한 번 익히고 나면 투자 횟수에 따라 수익률은 자연스럽게 커진다. 무한정 시간을 투자 할 필요가 없는 이유가 바로 여기에 있는 것이다. 돈을 벌기 위 한 기술과 기술을 운용하는 사고를 장착하면 그 다음부터는 주 말을 이용해 조사하는 것만으로도 투자가 가능해진다. 몇 날 며칠을 발품을 팔며 돌아다닌 사람은 경매를 몸으로 하는 사람 인 것이다.

부동산 경매 투자를 할 때 시간을 효율적으로 활용하지 못 해 어려움을 느끼고 있다면 010 6637 2358로 연락해 보자. 경 매 투자는 결코 직장을 그만둘 만큼 소모적인 재테크가 아님을 알려 주고, 돈 버는 일이 훨씬 쉽고 재미있게 느껴지도록 실질적 인 조언을 아끼지 않을 것이다.

직장인은 5일 내내 일하고 주말에 꿀맛 같은 휴식을 취한다. 그런데 쉬는 이유가 다름 아닌 다음 한 주를 일하기 위해서다. 생각하면 참 무서운 일이다. 커다란 시계의 조그마한 부품처럼 끊임없이 반복되는 삶을 살고 있는 것이기 때문이다. 이런 반복 적인 삶에서 벗어날 이유를 찾지 못하면 영원히 이 속에서 헤 어 나오지 못할 것이다.

나는 30대 후반이 되어서야 깨닫기 시작했다. 지금도 연락을 해오는 독자들 중 30대 후반의 가장이 꽤 많다. 이들은 이대로 가다가는 안 되겠다 싶은 생각에 부동산 공부를 통해 전환점을 찾고 싶다고 말한다. 일반 매매 시장과 달리 경매 시장은 직접 움직여서 결정하고 판단하는 곳이다. 중개사에게 수수료를 주고 맡기거나 잊어버리고 있는 편이 속 편한 영역과는 전혀 다르다. 경매 시장에서 급한 성격은 결코 성공할 수 없다. 부동산 투자는 느긋한 사람에게 큰돈을 벌어준다.

시켜서 어쩔 수 없이 하는 일과 자발적으로 나서서 하는 일의 성과는 다르다. 일을 완성하는 속도에서도 확연한 차이가 나기 마련이다. 시켜서 하는 일은 정해진 시간 안에만 끝내면 된다는 생각을 하고 일의 양이 적으면 적은대로 느긋하게 진행한다. 반대로 자발적으로 하는 일은 서둘러 일을 끝내고 더 보완하고 수정해야 할 일은 없는지 따져 가며 일의 완성도를 높인다.

경매 공부에서도 완성도를 높이려면 열정을 유지하는 것이 가장 중요하다. 열정은 동기부여를 통해 타오른다. 나는 결혼을 하면서 인생의 전환점을 찾겠다고 마음먹었는데 가족이 동기부여가 된 것이다. 여기에 가속도를 내려면 반드시 절박함이 있어야 한다. 절박함이 있는 사람은 그 어떤 장애물도 이겨낼 힘이 있기 때문이다.

원어민과 영어로 단시간에 대화가 가능하려면 단어나 어휘를 익히는 것보다 영어만 쓰는 환경에 노출되는 것이 훨씬 많은 도움이 된다. 마찬가지로 경매 공부도 법률 용어나 권리 지식 같은 어려운 것들부터 익히다 보면 이론적인 호기심만 늘어간다. 이론이 앞설 경우 실전에 막상 부딪히게 되면 머뭇거리게 된다. 돈이 될 만한 물건인지 아닌지 판단이 서면 자신이 입찰할 물건과 관련된 권리에 대해서만 해결하면서 투자를 진행해야 하는 것이다. 오히려 법을 많이 알수록 공포심만 키우게 될 수 있다. 그저 배우면서 익히고 익히면서 즉시 실행해 보겠다는 마음으로 투자에 임하라. 결과를 내는 속도가 빠르면 자신감이 붙고 자신감이 올라가면 돈을 버는 속도 또한 빨라질 것이다. 그러니 시작하기도 전에 머리가 복잡할 이유는 전혀 없다. 직장인들도 경매를 공부할 때 주말 이틀이면 충분하다.

부동산 경매는 발품으로
하는 것이 아니다

"직장을 다니면서 경매 투자를 할 수 있을까요?'

"법을 공부하려면 직장을 잠시 쉬어야겠죠?"

"현장을 많이 돌아다녀야 경매를 잘할 수 있는 것 아닌가요?"

직장을 다니고 있으면서도 아직까지 경매에 대해 고민 중이
라면 아직 생활이 절박하지 않다는 뜻이다. 직장을 다니지 않
고 경매에만 정신을 쏟는다고 잘할 수 있을까? 답은 절대 그렇
지 않다. 시간이 많을수록 돈을 많이 벌 수 있고 일을 잘할 수
있다면 세상에 성공 못하는 사람은 아마 없을 것이다.

과거에는 열심히 일하고 노력하면 꿈이 이루어진다는 보장이 있었지만 지금은 그렇지 않다. 4차 산업혁명 시대에는 노력의 양보다 질이 더 중요하기 때문이다. 일을 잘하기 위해서는 일의 핵심을 짚을 줄 알고, 어떻게 하면 짧은 시간 안에 많은 일을 해내서 성과를 얻느냐가 중요하다. 즉 어떻게 하면 노력을 덜하면서 돈은 많이 벌 수 있을지 고민하지 않으면 가까운 미래에 자신의 삶은 풍요로움과 거리가 멀어질 것이다.

동영상으로 수십 억을 버는 유튜버들이나 애플리케이션 개발로 대박을 터뜨린 사람들을 보라. 이제는 국내라는 지역적 한계를 벗어나 세계를 무대로 돈을 버는 때가 온 것이다. 즉 육체노동은 하지 않고 자신이 좋아하는 일을 즐기면서 돈을 기하급수적으로 벌 수 있는 시대다. 그런데도 대부분의 직장인들은 돈을 많이 버는 사람들은 아주 특별한 사람으로 여겨 급여만으로 생활하려고 오늘도 열심히 절약하며 산다. 경제적인 자유를 이루면 자신에게 주어지는 혜택이 얼마나 큰 것인지 지금부터라도 생각해 보길 바란다.

발품을 많이 팔수록 경매를 잘하게 될까? 만약 이 말이 사실이라면 가뜩이나 시간도 없는 직장인에게는 시작도 하기 전에 포기부터 하라는 말일 것이다. 돈보다 더 귀한 것이 시간이다. 즉 시간을 절약하는 방법을 고민하는 것이 돈을 버는 지름길인 셈이다. 만약 일주일에 3건의 경매 물건을 알아보기 위해 직접 현장을 찾아가야 한다면 어떻게 해야 할까. 그것도 가까이에 있는 물건도 아니고 전혀 다른 지역이라면 어떨까? 아마 월차를 써도 시간은 부족할 것이다. 직장인이 시간에 쫓기지 않으면서 투자할 수 있는 방법은 가장 돈이 될 만한 물건을 하나 고르는 것이다. 그리고 이 물건을 꼭 낙찰받는다는 생각으로 파고들어야 한다. 여기서 파고든다는 표현은 오로지 한 물건을 집중적으로 조사하고 에너지를 쏟는다는 의미다. 시간을 분산시켜 이것저것 조사하지 않고 한 물건에 모든 시간을 들여 정보를 파악하는 것이 효율적인 투자 방법일 것이다. 모든 시간과 에너지를 한곳에 모을 만한 물건을 찾는 데 초점을 두고 투자한다면 몸이 고생하는 일은 줄어든다.

경북 창원에서 회사를 다니는 김성찬 씨는 유명한 경매 학원을 몇 개월 동안 다녔지만 수년이 지난 지금까지도 낙찰 한 번 받지 못해 나를 찾아왔다. 곧 내가 운영하는 〈한경협〉의 수업을 듣고 수료한 지 3주 만에 시세차익 2,000만 원이 나오는 대전의 한 빌라를 낙찰받았다. 당시 그는 600만 원의 현금이 있었고 신용대출로 가능한 금액이 1,000만 원 정도였다. 그런데 그는 전에 배웠던 지식이 있는 탓에 많은 물건을 고르는 습관이 있었다. 게다가 권리분석에 대한 이론적 지식만 가득한 채 정작 돈이 되는 물건을 분별하는 능력은 없었다. 그러다 나의 수업을 듣고 좋은 물건을 고르는 안목이 생긴 뒤 자신에게 가장 적합한 물건 하나에 올인 하기로 결정하고 낙찰을 받게 되었다.

직장을 그만두고 경매 투자를 전업으로 삼으려는 사람들이 가끔 있다. 내게 2,000만 원 정도를 들고 와서는 직장을 다니지 않고 투자만으로 돈을 벌 수 있는 방법을 알려 달라고 한다. 그러나 나는 어림없는 소리라고 단호하게 말한다. 경매 투자 한 건만으로 큰돈을 벌 수 있을 것이라는 환상은 버려야 한다. 투자를 지속적으로 해야 돈도 불릴 수 있는 것인데 그러기 위해서는 꾸준한 수입을 유지하며 투자 횟수를 늘려야 경매로 큰돈을 만들 수 있다.

많은 사람들이 경제적인 자유를 누리기 위해서 경매 투자에 뛰어든다. 하지만 꼭 알아야 할 것은 머니 시스템이 완성되기 전까지는 고정 수입이 나오는 일을 해야 한다는 것이다. 상담을 했던 사람들 중 남편의 사업이 부도가 나서 집까지 경매로 넘어갔다가 다시 경매 투자로 일어선 주부도 있었다. 또 사업으로 떠안은 빚을 갚기 위해 경매 투자에 나선 사장도 있었다. 경매 투자는 단순히 돈을 번다는 차원보다 자본을 어떻게 운용하느냐에 따라 시너지가 발휘되고 유용한 도구가 된다. 사회 초년생이 죽을힘을 다해 1년에 90만 원씩을 모아야 1,000만 원이 될 수 있는 돈을 경매에서는 단 한 건의 차익으로 벌 수 있다.

이기는 경매를 하기 위해 발품을 팔며 이곳저곳 돌아다닌 것은 시간낭비다. 시세조사를 하라고 하면 인근 공인중개사 등에게 전화부터 하면 되는데 직접 현장에 가야 속이 시원한 사람들이 있다. 물론 현장을 가기 전에 몇 마디 대화만으로 정확한 정보를 얻을 수 있는 것은 아니다. 하지만 최소한 돈이 될 만한 물건인지 가늠한 뒤에 움직여도 늦지 않을 것이다. 예를 들어 소개팅을 할 때에도 주선자는 서로 어울릴만한 조건을 갖춘 사람을 소개해 주지 않는가. 이렇듯 만남을 주선하기 전에 충분히 어울릴만한 스타일인지 생각해 보고 또 그에 맞는 이상형인지도 따져가며 사람을 찾아야 한다.

경매 물건도 마찬가지로 오늘 내가 만나야 하는 소개팅 상대라고 생각하며 우량 물건을 찾기 위해 노력해야 한다. 기본적으로 감정이 제대로 되어 있는지 시세보다 높게 평가되어 있는지, 월세는 꾸준히 잘 나는지, 거래는 잘 되는지 등 다양한 질문을 통해 기본적인 정보들을 파악하는 것이다.

부동산을 고용하는 일은 내 몸을 덜 움직이게 하는 머니 시스템을 만드는 것과 같다. 나 대신 돈을 벌면서 나는 그 시간에 다른 일을 할 수 있게 된다. 나를 대신해 돈을 버는 시스템이 많을수록 더 많은 수입을 창출할 수 있는 일에 에너지를 쏟을 수 있기 때문이다. 돈을 주고서라도 시간을 사는 것은 부자에게 절대적으로 중요한 일이다.

현장답사는 사전에 모은 정보를 확인하는 절차로 생각하고 가야 한다. 내가 사전에 전화로 조사한 정보들이 정확한지 여부를 비교하고 분석하는 단계인 것이다. 머리가 나쁘면 손발이 고생한다는 말이 있다. 아이큐의 문제를 말하는 것이 아니다. 어떤 말을 어떻게 하느냐에 따라 좋은 정보를 얻을 수도 있고 잘못된 정보를 얻을 수도 있다. 이는 정보를 주는 상대방의 잘못이 아닌 질문을 던지는 자신의 잘못이라는 것을 깨달아야 한다. 가는 말이 고와야 오는 말이 곱듯이 유용한 질문을 해야 자신에게 득이 되는 정보가 오는 것이다.

현장답사를 가기 전에 사전 정보를 되도록 많이 수집하는 것이 좋다. 정보의 양이 많을수록 비교할 수 있는 정보의 수도 많기 때문이다. 사전에 얻은 정보의 양이 부족할수록 발품에 의지하게 되고 발품에 의지하다보면 많은 시간을 현장에서 소비하게 된다. 퇴근 후 저녁 7시에라도 도착하면 공인중개사 사무소는 하나둘 문을 닫는 시간이 된다. 간신히 2~3군데 정도 들러 허덕이며 현장 확인을 마치고 오는 경우도 다반사다. 입찰 물건이 서로 다른 지역에라도 있으면 2주에 걸쳐 주말에 다녀오기도 하는데 하루가 그냥 지나간다. 돈은 시간을 사기 위해 버는 것임을 잊어서는 안 된다. 모든 일을 할 때에는 시간을 효율적으로 쓰고 절약할 수 있는 방향을 모색해야 한다. 물 쓰듯 아무렇지도 않게 낭비한다면 제대로 된 성과 한 번 내보지 못하고 평생을 가난하게 살아야 할 것이다. 여러 현장을 종횡무진 다니다 보면 돈을 거리에 쏟아붓고 다니는 것과 다를 바가 없다. 내가 직접 움직이면 그에 따른 경비도 발생한다는 사실을 잊어서는 안 된다. 목표로 정한 물건 하나가 최종 결정되면 단 한 번의 답사를 통해 조사를 마쳐야 시간을 아낄 수 있다.

시간을 아끼면 더 많은 돈을 벌 수 있는 기회가 생긴다. 그만큼 돈을 벌 기회가 많을수록 돈이 모이는 속도도 빨라지는 것이다. 돈은 젊었을 때 최대한 빨리 버는 것이 현명하다. 나이가 들수록 활동적으로 누릴 수 있는 보폭이 좁아지기 때문이다. 은퇴 뒤에도 육체노동을 하고 싶은가? 물론 '적은 돈이라도 버는 것이 어디냐'라고 반문할지도 모른다. 그런데 누구나 이렇게 살고 싶지는 않을 것 같다. 내가 발품을 되도록 줄이고 경매 투자를 하는 이유가 바로 여기에 있다. 나이가 들수록 발품을 많이 파는 투자를 하는 것은 비효율적이기 때문이다. 경매 투자는 결국 내 몸이 편하기 위해 하는 것이고 여유 시간을 만들기 위함이다. 시간을 아끼는 것이 경매 투자에서 이기는 기술이다.

직장인에게 부동산 경매 투자는 선택이 아닌 필수다

게으름에 대한 하늘의 보복은 두 가지가 있다.
하나는 자신의 실패요, 하나는 그가 하지 않은 일을 한 옆 사람의 성공이다.

_ 쥘 르나르

현대인은 평균수명이 늘어나면서 노후 생활도 함께 길어지고 있다. 그렇다면 사람들이 자신의 노후를 맞이하기 전 가장 걱정하고 있는 것은 무엇일까. 통계청 조사에 따르면 노후가 되면 나타날 수 있는 문제로 외로움을 꼽은 사람이 17%, 건강 문제를 꼽은 사람은 28%, 경제적 어려움을 말하는 사람은 37%로 1위를 차지했다. 은퇴와 동시에 경제 활동도 끝난다고 생각하면 되기 때문에 아무래도 경제적인 고민이 가장 큰 것은 당연한 일일 것이다. 그렇다면 은퇴 뒤 한 달에 필요한 생활비가 어느 정도인지 생각해 본 일이 있는가? 국민연금 연구원에 따르면 노후

에 필요한 최저 생활비는 노인 부부 160만 원, 개인 99만 원이
며 평균적으로는 노후 생활비로 월 187만 원이 필요하다고 한
다. 말 그대로 최저 생활비인데 이 돈으로 편안한 노후를 보낼
수 있다고 생각하는 사람은 없을 것이다. '편안하다'는 의미는
최소한 내가 가고 싶고, 먹고 싶은 것 등을 누리며 지출할 돈이
있다는 뜻이다.

"여보, 분유는 더 저렴한 게 없나?"
"아이 먹는 건데 분유만큼은 좋은 브랜드로 먹이고 싶어요."
"이번 달만 한 단계 낮춰서 먹일 수 있을까?"
"……"

아내는 결국 좋은 브랜드를 포기하고 조금 더 저렴한 브랜드
를 택했다. 지금 생각하면 나 자신이 한심하기까지 하다. 월급
이외에 돈을 더 벌 생각조차 하지 않았던 시절이었다. 정해진
월급 안에서 고정으로 나가는 돈을 제외하고 나면 어떻게 해서
든 돈을 아껴 써야만 했다. 경제적인 자유의 근본적인 해결책은
지출보다 수입을 늘리는 데 핵심이 있다. 만약 그래도 먹을 거
다 먹고 입을 거 다 입으면서 언제 돈을 모을 수 있느냐고 반문
하는 사람도 있을 수 있겠다.

안 입고 안 쓰는 방법은 옛날의 가난한 사고방식이다. 열심히

일한 만큼 돈을 벌 수 있는 시대는 이미 지나갔기 때문이다. 현재 아직도 그런 사고의 패턴을 벗어나지 못하고 있다면 심각한 상태임을 깨달아야 한다. 특히 내가 그랬던 것처럼 미혼이라면 지금의 직장생활에 만족할 확률이 크다. 그러나 가정을 꾸리고 책임질 가족이 생기면 마음은 조급해지게 된다. 현명한 사람은 미래를 대비해 움직이지만 아둔한 사람은 그저 현재의 생활에 만족하며 안주할 뿐이다.

적당히 벌어서 적당히 사는 것이 좋다고 말하는 사람들은 '적당히'라는 단어를 입에 달고 산다. 언뜻 보면 긍정적이고 낙천적으로 보일 수 있지만 사실은 돈에 대한 개념도 없이 그저 만족하며 사는 것이다. 말이 무서운 이유 중 가장 큰 점은 자신이 자주 내뱉는 말이 곧 현실이 되기 때문이다. 내가 하는 말과 생각이 그대로 자신의 환경을 만든다.

나는 경매 투자가 힘들어도 이 길밖에 없다고 여기며 오랫동안 꾸준히 지속했다. 결혼을 하고 아이들이 태어나면서 적당히 벌어 되는 대로 쓰는 삶은 아무 소용이 없었다. 일단 많이 벌어서 노후 걱정 없는 삶을 사는 것이 목표가 되었다. 목표를 바꾸고 나니 직장생활로는 앞이 보이지 않았다. 그렇다고 당장 성공한다는 보장도 없이 직장을 그만둘 수 있는 상황도 아니었다. 월급이 끊기면 당장 생활할 수 없기도 했고, 그나마 저축해 놓은 돈도 연기처럼 사라질 것이 뻔했기 때문이다.

나는 정해진 퇴근시간도 없이 종종 주말까지 반납하며 직장 생활을 했다. 프로젝트의 난이도와 기간에 따라 자정이 넘도록 일을 하는 경우도 허다했다. 물론 상사가 시켜서 하는 것보다 자발적으로 하는 야근이었으니 피곤할 겨를도 없었다. 그러나 열심히 일을 하다가도 '이렇게 살아서 내게 남는 게 뭘까?'라는 생각이 들어 회의감이 들 때도 있었다. 한 달에 20일 정도를 회사를 집삼아 일을 하다 보니 돈은 기껏해야 점심 값 정도 나가는 게 전부였다. 그때 나는 집에서 직장까지 아무리 거리가 멀다 해도 시간을 아끼기보다는 돈을 아껴야 한다고 생각했으므로 대중교통을 이용해서 다녔다. 돈보다 귀한 시간을 거리에 쏟아붓고 다닌 격이다. 직장에서 외근을 나가더라도 항상 경비를 아껴야 했고 몸에 베인 습관 덕분에 시간을 소비해가며 몸을 고생시키는 일이 다반사였다. 직장인이 부자가 될 수 없는 이유는 바로 이런 삶의 패턴이 지속적으로 반복되기 때문이다. 그런데 더 답답한 것은 직장을 나오기 전까지 자신의 삶을 더 좋게 바꿀 방법조차 찾을 수 없다는 것이 문제다.

요즘 세대를 일컬어 '밀레니얼 세대'라고 말한다. 이들에게 직장의 개념은 자신의 성장을 위해 잠시 안주하는 개념일 뿐으로 평생직장은 없다고 생각한다. 좋고 싫음이 분명하고 자신이 성장할 수 있는 곳이 아니라고 생각하면 절대 지원조차 하지 않는다. 아무 회사나 들어가지 않을 뿐더러 한 회사를 다니는 기간도 짧다. 보통 일 년 단위로 이직을 하면서 자신이 목표로 세운 재능을 키우기 위해 노력한다. 물론 이직이 잦다 보니 수입이 불규칙하고 급여도 고액이 아니다. 하지만 주식, 펀드, 가상 화폐, P2P 등 다양한 재테크 경로로 부를 축적한다. 경매도 그중 하나에 속한다. 놀라운 것은 이제 24세인 대학생까지 나에게 경매를 배우고 싶다며 찾아온다는 것이다. 그는 내게 경매를 배운 지 2주 만에 아파트 한 채를 낙찰받았고 임대계약까지 마쳤다. 내게 배운 22세부터 29세에 이르기까지 20대가 가지고 있는 경매에 대한 열정은 반드시 성공해야 한다는 일념 하나로 앞만 보고 질주한다.

직장을 다니면서 부가적인 수입을 창출하지 않으면 노후 생활은 보장되지 않는다. 젊을 때 시간과 돈이 없다는 핑계만 대다가는 결국 가난하게 살다가 죽게 될 것이다. 핑계를 대는 이유는 지금 당장 불편하지만 그래도 감수하고 살 만하니 굳이 시스템에 대한 필요성을 느끼지 못하는 것이다. 하지만 조금만 멀리 생각해도 왜 지금 준비해야 하는지 알 수 있다. 정신을 차리고 나서 준비를 시작할 때에는 이미 시간이 한참 흘러 있을 때이다. 나는 결혼도 늦었고, 셋째 아이도 내 나이 마흔 셋에 태어났다. 아무것도 이루어 놓은 것이 없는 상태에서 결혼을 했기 때문에 더욱 나의 경제적 무능이 한탄스러웠고 비참하기까지 했다. 아마 이 심정은 겪어 보지 못한 사람은 알 수 없을 것이다. 생각해 보면 나는 정말 가난한 직장인이었다.

나는 지금 당신에게 단호하게 말한다. 이 책을 읽는 당신이 직장인이라면 반드시 부동산에 관심을 두기 바란다. 만약 돈이 없다면 경매를 공부하라. 현재 수많은 경매 관련 책들과 정보들이 넘쳐나고 이곳저곳에서 이제 부동산 경매 투자는 끝났다는 식의 비아냥거림이 있지만 동조할 필요는 전혀 없다. 나의 유일한 장점은 투자를 하거나 배움에 있어 남의 눈치를 보거나 비교 자체를 하지 않는다는 것이다. 내가 판단한 것을 100% 믿고 실행하며 그것만 보고 올인한다. 이것이 내가 남들보다 늦게 시작했지만 더 빨리 돈을 벌 수 있게 된 비결이다.

직장인은 눈치 보는 데 익숙하고, 돈을 아껴야 하니 비교하는 것에도 열을 올린다. '어떻게 하면 싸게 살까', '누가 그렇다고 하던데……'라는 식의 이야기를 듣게 되면 계획했던 결정을 1초의 망설임도 없이 수정해 버린다. 그런데 그런 성향으로는 절대 경매 시장에서 성공할 수 없다. 경매 투자는 다른 재테크보다 결과를 내는 속도가 매우 빠르다. 오랫동안 질질 끄는 재테크가 아니기 때문이다. 맺고 끊임이 확실하고 수익률이 명확하니 돈을 잃는다는 불안감에 걱정할 필요가 없다.

나처럼 늦었더라도 지금 자신이 해야 할 일을 깨달은 직장인이라면 배우는 일부터 시작하라. 한 번 익힌 경매 투자 기술은 시간이 갈수록 자신만의 노하우로 무르익게 된다. 수익률은 당연히 배가 되며 자본을 자유롭게 운용할 수 있는 능력도 갖추게 된다. 현 정부의 부동산 정책이 다주택자를 억제하는 방향으로 가고 있지만 부동산 시장 자체를 강제로 억누를 수는 없다. 그러나 누군가는 임대인으로 살아가고 누군가는 임차인으로 살아가야 하는 것이 현실이다.

누구나 직장을 평생 다닐 수 있는 것은 아니다. 정년퇴직 뒤 근근이 먹고 살 정도의 급여를 받으며 소일거리를 찾아다니고 싶은가. 아니면 일하지 않아도 돈을 벌어다 주는 머니 시스템으로 편안한 노후를 살고 싶은가. 한 번 구축한 머니 시스템은 견고해서 잘 무너지지 않는다. 삶의 질은 직접 노동을 통해 수입을 버느냐 내 몸을 쓰지 않고 돈이 나오는 시스템을 보유하고 있느냐에 따라 확연히 달라질 것이다.

당신이 지금 돈을 더 벌 것인지 아니면 더 아껴 쓸 것인지에 고민하고 있다면 자신이 누리는 생활의 만족도를 생각해 보라. 다소 불편함을 감수하더라도 지금이 편안하다면 노후의 삶은 지금보다 더 못할 것이다. 세월이 흐르면 돈이 들어갈 곳은 더 많아지는데 그에 반해 몸의 에너지는 더 떨어지고 정신적으로도 피로감은 지금보다 더 많이 쌓일 것이다. 기본적인 의식주 생활로 평생을 근근이 살아갈 것이 아니라면 한 살이라도 더 젊었을 때 부동산을 공부하고 투자하는 것이 미래를 위한 현명한 선택이 될 것이다. 실패가 두렵다면 경매를 공부하고 투자하라. 제대로 공부한 경매 투자는 경제적인 불안감을 해소할 뿐만 아니라 손해 볼 일이 없다. 시간이 없고 돈이 없는 직장인에게 경매 시장보다 더 안전하고 빠른 재테크 도구는 없다. 돈은 쉽고 빠르게 벌어야 한다. 돈이 없는 직장인일수록 되도록 빨리 부동산 공부에 눈독을 들여라.

돈이 없을수록
부동산 경매를 하라

빈곤은 인간으로서 수치스런 일은 아니다. 그러나 지독하게 불편한 것이다.

_ 시드니 스미드

　　자산 규모나 소득 수준이 비교적 낮은 사람들이 더 많은 충
동구매를 한다는 결과가 있다. 자산 규모가 1억 원 이하인 사람
들이 충동구매를 했다는 비율이 80%에 달한 반면 10억 원 이
상의 자산 규모를 지닌 사람들의 충동구매 비율은 60%에 그쳤
다. 충동구매는 목돈을 마련하는 데 가장 큰 방해 요소이다. 돈
이 있어야 투자를 할 수 있다는 사람들의 주장은 소득수준이
낮은 사람들의 전형적인 사고방식이다. 투자를 단순히 해도 그
만 안 해도 그만인 것으로 여기기 때문이다. 가난한 사람들의
소비 성향의 가장 큰 특징은 지출이 우선순위에 잡혀 있다. 급

한 대로 먼저 쓰고 남는 돈이 있어야 저축이든 투자든 할 수 있다고 여긴다. 그나마 투자할 생각을 할 수 있다면 참 다행일 일이다. 지금 자기 자신이 스스로 소비할 때 기분이 좋은지 아니면 돈을 모을 때 기분이 좋은지 냉정하게 생각해 보라. 돈을 모으지 못하는 습관을 갖춘 사람들의 특징은 쓰는 데 초점이 있다.

결혼을 하고 난 뒤 급여가 들어오기가 무섭게 돈을 쓰러 나가기 바빴던 때가 있었다. 기다렸다는 듯이 마트에 장을 보러 가거나 옷을 사러 갔다. 가족의 건강은 필수이니 먹어야 하는 것은 뭐든 챙겨 먹어야 한다는 생각이 강했다. 이렇게 생활비를 쓰다 보니 깨진 항아리에서 물이 새듯 돈은 줄줄 새어 나갔다. 꼭 필요한 곳에만 돈을 쓰고 사치를 하는 것도 아닌데 다음 월급을 받기도 전에 돈은 연기처럼 사라졌다.

10만~20만 원짜리 펀드 상품이나 정기 적금을 드는 것은 돈을 모은다는 개념보다 심리적인 안전장치에 불과하다. 돈이 없을수록 돈을 만들어낼 궁리를 해야 하는 이유가 바로 여기에 있다. 지출은 해가 갈수록 늘어만 가는데 수입은 그에 비례해서 오르지 않기 때문이다. 돈을 벌 방법을 강구하지 않으면 빚을 지고 살 수 밖에 없는 것이 직장인의 삶인 것이다.

돈이 없을수록 적은 노력으로 목돈의 씨앗을 만들 방법을 찾아야 한다. 경매 투자는 일단 시작하면 돈을 만드는 방법을 알게 된다. 하지만 큰돈을 확실하게 버는 데는 큰돈이 지출되게 마련이다. 큰돈을 모으기 위해 적은 노력으로 투자의 기초를 세우고, 그 기초를 토대로 돈을 어떻게 안정적으로 운영할지 계획을 세우는 것이 중요하다. 경매를 하는 이유는 내 몸이 편해지기 위해 하는 것으로 많은 에너지를 쏟아가며 지칠 필요가 없다.

예를 들어 도매로 상품을 매입한 뒤 다시 판매할 계획이 있다면 그 판매 시기를 잘 가늠해야 한다. 또한 그 지역에서 가장 거래가 활성화되어 있는 곳을 찾아 수요층을 파악해 둔다면 확실한 투자가 되는 셈이다. 바로 수집한 정보들을 정리하고 분석해 투자 계획을 세우고 입찰에 임해야 한다.

예전의 나는 돈이 없으면 넋을 놓을 채로 저축도 못하고 투자도 못한다는 사고방식으로 가만히 있었다. 전형적인 가난한 사고패턴을 소유하고 있던 것이다. 하지만 경매를 통해 돈이 되는 물건을 고를 수 있게 되고 투자 후 원금이 고스란히 돌아오는 것을 경험하고 돈은 만들어지는 것임을 깨닫게 되었다.

돈이 없을 때 돈을 버는 방법은 간단하다. 돈이 있는 사람들과의 경쟁을 피하면 된다. 돈이 있는 사람들이 눈독을 들이지 않는 물건, 관심을 덜 가지거나 입찰을 꺼려하는 물건을 선정해 투자하면 된다. 돈이 없을 때 투자자에게 중요한 것은 임대가 잘 나가지 않는 위치의 물건을 얼마나 빨리 임차인과 계약하는지 여부다. 적은 투자 비용으로 적정 차익을 보다 보면 목돈의 씨앗을 만드는 기반도 쉽게 잡힌다. 그 다음으로 씨앗을 어떻게 싹을 틔울 것인지 고민하면 된다.

경매 시장이 도매 시장이라고 해서 모든 물건이 저렴한 것은 아니다. 감정가보다 시세가 낮은 물건도 많기 때문이다. 이는 해당 부동산에 감정이 평가된 시점을 파악해 오래 전에 책정된 금액이라면 현재 시세를 파악해 보는 것이 옳다. 경매 시장에 가면 '항상 싼 물건을 살 수 있다'라는 고정관념은 버려야 한다. 반대로 저평가된 물건을 사서 제값에만 팔아도 이득인 시장이기도 하다.

가치를 만드는 것은 투자자의 몫이다. 임대가 잘 되지 않은 상가를 낙찰받아 임대를 잘 내는 것이 중요한 만큼 성공한 투자자의 투자 방식을 한 번쯤 그대로 따라하는 것이 빠르고 효율적일 수 있다. 공격적인 투자 성향이라면 이런 성향을 지닌 사람을 찾아가 배우고 그 반대라면 방어적인 투자 성향을 갖춘 사람을 찾아가 배우는 것이다. 이렇게 자신의 투자 성향을 냉정히 파악하고 멘토를 찾아 그들의 노하우를 배운다면 손실 없이 기초를 쉽게 닦을 수 있다. 즉 현재 자신이 돈이 없다면 실제 돈이 없을 때 일어섰던 사람을 찾아가 돈을 만드는 방법부터 배우는 것이다.

경매 투자로 성공하려면 경매로 일어선 사람 곁에서 그가 하는 생각과 말, 행동을 보고 배워야 한다. 성공 방식을 확실하게 따라해 보되 모방만으로 끝나지 않도록 주의해야 한다. 모방에서 벗어나지 못하는 사람은 결코 그 이상의 성장은 할 수 없다. 모방은 어디까지나 기초 단계에서 끝나야 한다. 자신만의 창의성을 발휘할 때 투자의 성과는 극대화되기 때문이다.

나는 경매로 한 사이클을 완벽하게 성공하는 시스템을 가르친다. 일단 한 번 익혀두면 그 다음 투자는 스스로 할 수 있게 독려한다. 때때로 물건의 수익성이나 낙찰가를 묻기도 하지만 그때마다 손사래를 친다. 권리에 대한 부분이나 손해를 보는 물건이 아니라면 스스로 원하는 수익에 맞춰 낙찰가를 산정해 보는 것이 중요하기 때문이다. 어린아이처럼 기대기만 한다면 스스로 일어설 수 없을 뿐더러 나의 투자 방식을 모방하는 정도에 그치기 쉽기 때문이다.

돈 없이 경매 투자를 시작하려면 일단 목돈을 만드는 것에 목적을 두고 투자를 하는 것이 좋다. 내가 1,200만 원을 투자했는데 보증금 1,000만 원을 회수할 수 있다면 내 돈은 200만 원만 들어가게 된다. 더 큰 씨앗으로 시작하려면 전세 보증금을 회수하는 방법도 있다. 아직까지 월세보다는 전세를 선호하는 한국의 주거 현실에서 전세 계약을 하면 일부 대출을 갚고 전세 보증금으로 최소 2,000만 원가량을 재투자할 수 있는 여건이 마련되는 것이다. 이때 중요한 것은 재투자를 할 때 명확한 수익률이 보장되어야 한다. 전세 보증금을 되돌려 주어야 할 때를 감안해야 하기 때문이다. 최소 2년에서 4년의 기간 내에 재투자로 인한 추가 수익을 창출할 수 있어야 안정적인 투자 수익을 기대할 수 있다.

돈이 없다는 뜻은 상대적인 개념으로 해석할 수 있다. 술 한 잔 하자는 말이 정말 술 한 잔만 마시자는 뜻이 아닌 것처럼 돈이 없다는 뜻은 투자할 돈이 없거나 저축할 돈이 없다는 뜻으로 이해할 수 있다. 경매 투자에서 돈이 되는 물건이란 지금 내 수중에 있는 돈의 크기를 불려줄 수 있는 물건을 말한다. 시작 단계에서 좋은 씨앗을 마련하려면 가성비가 큰 물건을 찾는 것이 가장 중요하다. 되도록 투자되는 돈이 적고 수익률이 큰 것이 가성비가 큰 물건에 속한다.

강남에서 모델 지망생들을 가르치는 강사 이지현 씨는 매매가가 5,000만 원을 웃도는 충북 제천에 있는 주공 아파트 한 채를 3,700만 원에 낙찰받았다. 초기 투자금 1,200만 원이 들어갔고 회수되는 월세 보증금이 1,000만 원으로 실제 들어간 투자금이 고작 200만에 불가했다. 월세는 30만 원으로 대출 이자와 원금 분할 상환액을 제외하고도 15만 원가량이 남았다. 물론 임차인이 들어가기 전 인테리어 비용 등은 포함되어 있지 않지만 시세 5,000만 원의 매물이 1,000만 원 정도 하락한 가격으로 거래가 되었고 낙찰가도 그만큼 낮았던 것이다. 애초에 돈이 되는 물건이란 이처럼 투자 대비 회수되는 보증금이 많고 보유 중에도 원금분할 상환을 제외하고도 수익이 발생되는 수준이라면 시작 단계에서 좋은 출발점이 될 수 있다.

돈이 없어서 투자하지 못한다는 생각을 버려야 경매로 성공할 수 있다. 이런 사고방식의 소유자는 돈이 있어도 투자로 성공할 확률은 지극히 적기 때문이다. 돈이 없으면 만들 생각을 끊임없이 해야 하고 돈이 적을수록 수익이 나는 물건에 무조건 투자를 해야 한다. 지금 투자할 돈이 전혀 없다고 하더라도 투자한 원금 대비 오히려 남는 물건을 알아보는 안목을 키워야 한다.

돈이 없어도 시간에 투자하는 습관은 반드시 몸에 익혀야 한다. 그마저도 하고 싶지 않다면 그냥 가난하게 사는 편이 낫다. 시간을 제멋대로 쓰는 사람은 결코 부자가 될 수 없다는 사실을 잊지 말자. 돈이 없음을 한탄하기 전에 자신의 배움이 부족한 것을 탓하자. 이제는 제대로 배워 가성비가 큰 물건에 도전해 보자. 월세 보증금이 초기 투자금보다 많은 물건에 투자한다면 실투자금이 마이너스가 되어 오히려 들어가는 돈이 없어도 오히려 돈이 남는 결과를 가져올 것이다. 돈이 없을수록 돈이 되는 경매에 빠져들어 보자.

실전에 강한
부동산 경매
투자 노하우

경매 입찰표는
미리 작성하라

살다 보면 흔히 저지르게 되는 두 가지 실수가 있다.
첫째는 아예 시작도 하지 않는 것이고, 둘째는 끝까지 하지 않는 것이다.

_ 파울로 코엘료

"입찰서는 꼼꼼하게 잘 작성했죠?"

"네, 그런데 남편이 보증금을 보내주지 않네요."

"……."

전라도 광주에서 소형 아파트 입찰을 위해 법원에 갔던 50대 교육생과 나눈 메신저 대화 내용이다. 레스토랑을 운영하고 있는 이은정 씨는 입찰을 앞두고 경매 투자를 위해 시세 조사와 현장답사를 모두 마친 상태였다. 그런데 입찰 당일 남편이 송금해 주기로 한 보증금이 오지 않아 입찰을 하지 못하는 상황이 생기게 되었다. 카드 한도액이 초과되어 이체가 되지 않았다는 것이다. 만약 당신이 급히 내일이라도 지방으로 출장을 가야 한다면 어떻게 하겠는가. 최소한 하루 전날 필요한 물품과 업무 서류들을 차분히 정리해 놓으면 빠뜨릴 염려가 없을 것이다.

입찰을 준비할 때에도 마찬가지로 미리 준비해야 할 것이 3가지가 있다. 개인이 입찰할 경우 신분증, 막도장, 보증금을 준비하면 된다. 막도장은 불과 20분 내외 정도면 만들 수 있고 보증금은 최저가의 10%에 해당되는 금액을 수표 한 장으로 끊어두면 된다. 특별 매각 조건일 경우 20%의 보증금을 요구하기도 하니 입찰 전 꼼꼼히 챙기면 실수를 줄일 수 있다.

이제 사냥에 필요한 도구를 챙겼다면 내가 노리는 먹잇감을 확인하는 절차는 필수다. 입찰하려는 물건이 내가 사는 지역과 다른 곳에 있다면 입찰 전날 경매가 진행되는지 미리 확인해 봐야 한다. 경매는 하루 전날 취하가 되거나 변경, 또는 연기가 될 수도 있기 때문이다.

한 번은 울산에 살고 있는 교육생이 경기도 일산에 있는 상가 입찰을 위해 기차표를 예매해 두고 있었다. 두 번 유찰이 되어 있었고 현장답사까지 마친 상황에서 일주일 전까지 진행이 예정되어 있었다. 유치권이 신고되어 있던 물건인데 매각 기일을 3일 앞두고 취하되었다. 경매 진행에 대한 변경 사항은 대법원 사이트를 통해 입찰 전날 반드시 확인해야 시간을 낭비하는 일이 없다. 또한 법원 입찰장에 들어서기 전에 게시판에 당일 진행되는 사건 번호가 공고됨으로 내가 입찰할 물건이 변경 없이 진행되는지 확인해야 한다.

나는 비즈니스든 사적인 만남이든 약속 시간을 정확히 지키는 편이다. 약속한 시간이 막히는 시간대라면 1시간 이상 일찍 나서기도 한다. 오히려 2시간을 더 일찍 나서서 밀린 업무를 하거나 여유 있게 책을 읽기도 한다. 이 명확한 자투리 시간이 나에게 주는 심리적 안정감은 생각보다 크다.

처음 가 보는 지역의 법원이라면 1시간 정도 일찍 가는 것을 추천한다. 초보자라면 더욱 그렇다. 지역 법원별로 주차장의 크기가 다르고 경매 입찰장의 위치가 다르기 때문에 입찰 전날 반드시 인터넷을 통해 미리 파악해야 한다. 관련 블로그를 통해서도 제법 정확한 동선을 머릿속에 그려볼 수 있다. 개인이 경험했던 입찰 과정을 올려놓은 사진과 설명을 읽다 보면 미리 가 본 것과 같은 효과를 얻을 수 있기 때문이다. 가상으로 미리 경험해 보고 가는 것은 심리적인 불안감을 없애 줄 뿐만 아니라 대중교통을 이용하게 될 경우의 동선까지 미리 생각할 수 있게 도와준다.

입찰할 때 가장 중요한 것은 입찰표를 제대로 작성하는 일이다. 대부분 중대한 사유로 패찰 하는 사람은 드물고 오히려 사소한 실수 하나로 최고가 매수인이 될 수 있는 기회를 놓치는 경우가 더 많다. 한 번은 교육생이 최고가 매수인이 될 수 있는 금액을 쓰고도 패찰한 사례가 있었다. '0'을 덜 써서 무효가 된 것이다. 보증금을 날린 것은 아닐지라도 여간 기운 빠지는 일이 아닐 수 없었다. 전주에서 서울에 있는 물건에 입찰하기 위해 올라온 교육생 김성현 씨는 최고 금액을 써내고도 패찰되는 불운을 겪었다. 그 이유는 보증금과 입찰 금액을 서로 바꿔 쓴 것이다. 이런 일이 있는 이후부터는 나도 수강생들에게 입찰 전날부터 당일까지 실시간 메신저를 통해 입찰표를 점검하는 버릇이 생겼다.

이기는 기일 입찰표 작성법

STEP 1 사건 번호와 물건 번호 기재하기

가장 먼저 적어야 할 내용은 입찰하는 당일 날짜를 기재한 뒤 사건 번호를 기재하는 것이다. 물건 번호가 있을 경우에는 물건 번호도 함께 기재해야 한다. 하나의 주소지 건물에서 여러 개의 물건이 경매로 나온 경우에는 각 호수 별로 물건 번호가 붙여진다. 이럴 경우에는 자신이 입찰하고자 하는 물건 번호가 틀리지 않게 층과 호수를 확인하고 정확하게 적어야 한다. 사건 번호만 기재하고 물건 번호를 적지 않으면 무효 처리가 되니 꼭 기억해 두자. 또한 소유자는 같지만 서로 다른 2개의 부동산이 경매로 나왔다면 주의해서 살펴야 한다. 일괄 매각이라면 사건 번호만 주어지지만 개별 매각이라면 물건 번호까지 붙여질 수 있다.

STEP 2 입찰자 인적 사항 기재와 도장 날인하기

본인이 직접 입찰할 경우 본인란에 주민등록번호와 연락처, 주소를 쓰고 도장 날인은 막도장을 이용하면 된다. 만약 대리인을 보낼 경우 본인란에 부동산 소유자인 본인의 이름을 적고 본인의 인감증명도장을 찍어 인감증명서와 함께 제출하면 된다. 이때 대리인의 도장 날인은 막도장을 찍으면 된다.

법인 명의로 입찰할 경우에는 성명란에 법인 이름과 대표자 이름, 직위를 적는다. 주소는 등기부상 본점 소재지를 기재하고, 입찰표 하단 좌측에 있는 입찰자 이름에는 본인이 직접 응찰할 경우에는 본인 이름과 도장을 찍고 우측에 있는 보증의 제공 방법에 현금, 자기앞수표에 체크하면 된다. 만약 대리인의 경우라면 입찰자란에 대리인의 이름과 도장을 찍으면 된다.

STEP 3 입찰가와 보증금 기재하기

입찰표 하단 좌측 부분에 입찰 가격란이 있고 우측에 보증 금란이 있다. 보증금은 최저가의 10%를 기재하면 된다. 특별 매각 조건으로 20%의 보증금을 요구하는 사건도 있으니 반드시 확인하고 정확히 기재해야 한다. 가장 먼저 최저가를 기재해 놓고 입찰가는 가장 마지막에 적는 것이 좋다. 입찰 하루 전날 작성하더라도 마찬가지다. 여분으로 입찰 가격란을 비운 2장을 준비해 가면 입찰가를 변경할 때 시간 소모를 줄일 수 있다. 입찰가를 쓸 때에는 아라비아 숫자로 적는데 뒷자리부터 차근차근 단위를 세어가며 써야 '0'을 하나 더 쓰거나 하는 실수만큼은 방지할 수 있다. 입찰가를 수정하고자 할 때에는 다시 새로운 입찰표에 기재해야 한다는 점도 잊지 말자.

입찰시 무효 처리되는 경우를 미리 숙지해 두는 것이 실수를 줄이는 데 도움이 된다. 입찰가를 변경하고자 할 때 줄을 긋고 다시 쓰면 무효가 되기 때문에 반드시 새로운 입찰표에 다시 작성하자. 또한 입찰 보증금이 법원이 요청한 금액에 미치지 못하는 경우에도 무효가 되지만 그 이상일 경우에는 상관없다. 입찰가를 최저가보다 낮게 쓰거나 입찰하고자 하는 사건에 물건 번호가 붙어 있지만 이를 기재하지 않고 사건 번호만 기재해도 무효 처리가 되니 꼭 알아두자.

입찰 시간은 지역 법원마다 조금씩 다를 수 있지만 통상 오전 10시나 10시 10분부터 진행된다. 시간이 정확히 되어야 입찰장 문을 열어주고 입찰에 필요한 서류를 나눠준다. 동사무소나 구청처럼 테이블에 비치되어 있어 직접 가지고 와야 하는 곳도 있으니 집행관에게 미리 확인해 보면 된다.

기 일 입 찰 표

지방법원 집행관 귀하   입찰기일 : 　 년 　 월 　 일

사건 번호		타 경 　 호	물건 번호	※물건번호가 여러개 있는 경우에는 꼭 기재

입 찰 자	본 인	성 명		전 화 번 호	－
		주민(사업자) 등록번호	법인등록 번 호		
		주 소			
	대 리 인	성 명		본인과의 관 계	
		주민등록 번 호		전화번호	－
		주 소			

입찰 가격	천 억	백 억	십 억	억	천 만	백 만	십 만	만	천	백	십	일	원	보증 금액	백 억	십 억	억	천 만	백 만	십 만	만	천	백	십	일	원

보증의 제공방법	☐ 현금·자기앞수표 ☐ 보증서	보증을 반환 받았습니다. 　　　　　　　　 입찰자 　　　 인

주의사항.

1. 입찰표는 물건마다 별도의 용지를 사용하십시오. 다만, 일괄입찰시에는 1매의 용지를 사용하십시오.
2. 한 사건에서 입찰물건이 여러개 있고 그 물건들이 개별적으로 입찰에 부쳐진 경우에는 사건번호외에
　 물건번호를 기재하십시오.
3. 입찰자가 법인인 경우에는 본인의 성명란에 법인의 명칭과 대표자의 지위 및 성명을, 주민등록란에는
　 입찰자가 개인인 경우에는 주민등록번호를, 법인인 경우에는 사업자등록번호를 기재하고, 대표자의
　 자격을 증명하는 서면(법인의 등기사항증명서)을 제출하여야 합니다.
4. 주소는 주민등록상의 주소를, 법인은 등기기록상의 본점소재지를 기재하시고, 신분확인상 필요하오
　 니 주민등록증을 꼭 지참하십시오.
5. **입찰가격은 수정할 수 없으므로, 수정을 요하는 때에는 새 용지를 사용하십시오.**
6. 대리인이 입찰하는 때에는 입찰자란에 본인과 대리인의 인적사항 및 본인과의 관계 등을 모두 기재하
　 는 외에 본인의 위임장(입찰표 뒷면을 사용)과 인감증명을 제출하십시오.
7. 위임장, 인감증명 및 자격증명서는 이 입찰표에 첨부하십시오.
8. 일단 제출된 입찰표는 취소, 변경이나 교환이 불가능합니다.
9. 공동으로 입찰하는 경우에는 공동입찰신고서를 입찰표와 함께 제출하되, 입찰표의 본인란에는 "별첨
　 공동입찰자목록 기재와 같음"이라고 기재한 다음, 입찰표와 공동입찰신고서 사이에는 공동입찰자 전
　 원이 간인 하십시오.
10. 입찰자 본인 또는 대리인 누구나 보증을 반환 받을 수 있습니다.
11. 보증의 제공방법(현금·자기앞수표 또는 보증서)중 하나를 선택하여☑표를 기재하십시오.

위 임 장

대리인	성 명		직업	
	주민등록번호	-	전화번호	
	주 소			

위 사람을 대리인으로 정하고 다음 사항을 위임함.

다 음

지방법원 　　　 타경 　　　 호 부동산

경매사건에 관한 입찰행위 일체

본인 1	성 명	인감인	직업	
	주민등록번호	-	전화번호	
	주 소			

본인 2	성 명	인감인	직업	
	주민등록번호	-	전화번호	
	주 소			

본인 3	성 명	인감인	직업	
	주민등록번호	-	전화번호	
	주 소			

* 본인의 인감 증명서 첨부
* 본인이 법인인 경우에는 주민등록번호란에 사업자등록번호를 기재

지방법원 귀중

입찰가를 작성하는 입찰표 1장과 보증금을 담는 흰색 봉투

1장, 그리고 입찰표와 보증금 봉투를 담는 입찰 대봉투 1장에 필요한 내용을 기재하여 집행관에게 제출하면 된다. 보증금 봉투와 입찰 대봉투에 사건 번호와 입찰자 이름을 기재하고 도장 날인을 한 후 절취선에 맞춰 스테이플러로 한 번 찍는다. 집행관은 이를 받아 집행관 날인 후 입찰자용 수취증을 주는데 이때 개찰이 끝날 때까지 이 수취증을 잘 보관해야 한다. 낙찰이 되면 최고가 매수인을 증명하는 '영수증'과 수취증을 맞바꾸거나 패찰하면 보증금을 돌려받는 용도로 사용하기 때문이다.

지금까지 언급한 일련의 과정을 하루 전날 시뮬레이션을 해 보기를 추천한다. 모의 입찰을 해 보는 것도 도움이 되지만 갈 시간이 없다면 반드시 머릿속에서 입찰하는 과정을 그려 보는 것이 효과를 극대화시키기 때문이다. 내가 가르치는 모든 교육생들은 첫 입찰이라도 대동하지 않는 것을 원칙으로 한다. 대신 전날, 당일 전화나 모바일 메신저 피드백을 통해 실수하는 일이 없도록 환기시킨다.

입찰 당일은 그동안 조사하고 분석하며 수고한 결과를 쏟아내는 시간이다. 그래서 실수 하나로 그간의 노력이 물거품이 될 수 있으니 미리 준비하는 습관을 몸에 익혀 실수를 하지 말아야 한다. 이것이 경매 투자에서 이기는 전략이 될 것이다.

알아두면 돈 버는
대출 전략은 따로 있다

"3개월 동안 매달 연 10% 이자로 2,000만 원만 빌려줘."

"알았어, 너는 확실하니까."

경매 투자를 시작해 보려고 지인들에게 손을 내밀어도 빌릴 수가 없었다. 그때 유일하게 친구 경운이가 돈이 생기면 갚으라며 선뜻 빌려주었다. 첫 투자를 시작할 당시에는 결과가 보이지 않았기 때문에 더욱 돈을 빌리는 일이 쉽지 않았다. 그런데도 돈을 갚을 때까지 10% 이자를 챙겨준 것을 두고 직장에 다니고 있는 가까운 지인들은 이해하지 못하겠다는 반응이었다. 왜냐하면 은행에서 대출을 이용할 때에도 되도록 이율이 싼 은행을 찾아다녔기 때문이다. 여기서 직장인과 사업가 사이에는 마음가짐이나 행동 등이 하늘과 땅 만큼의 좁힐 수 없는 간극이 존재한다. 이 간극을 의식적으로 좁히는 노력을 한다면 대출을 내 편으로 만들 수 있다. 먼저 대출과 즐겁게 동업을 한다는 생각을 가져야 한다. 파트너의 단점을 보고 동업을 시작하는 사람은 없을 것이다. 자신이 대출에 대해 나쁜 감정을 갖고 있다면 대출이 자신의 미래에 어떤 나쁜 일을 만들 수 있다는 생각이 들어 결국 좋지 못한 결과를 내게 된다.

동업으로 사업을 시작해 성공한 사람들 중 스티브잡스와 스티브 워즈니악이 공동 창업한 애플의 사례를 들 수 있다. 그들은 잡스 부모의 차고 안에서 애플을 설립하고 최초의 개인용 컴퓨터인 '애플'을 내놓았다. 잡스는 제품을 기획하고 홍보하는 일에 천재였고, 워즈니악은 제품을 설계하고 제작하는 일에 강점을 지니고 있었다. 서로의 부족한 부분을 보완하고 강점을 극대화하는 방식으로 파트를 나눠 각자 애플을 이끈 것이 성공의 요인이었다.

대출을 갚아야 할 돈으로 인식하는 순간 심리적인 스트레스가 작동하게 된다. 스트레스는 투자 심리를 위축시키는 요인이 되는데 이때 대출의 장점을 이해하고 활용할 수 있는 방법에 초점을 맞춰야 대출과의 동업 관계가 쉬워진다. 어떤 이들은 배우자의 반대로 대출은 아예 쳐다보지 않는다고 말한다. "우리는 빛이 없다!"라며 자랑하는 부부도 종종 보게 되는데 주위에 큰 부를 이룬 사람들을 보게 되면 그들은 모두 대출의 장점을 지렛대로 삼아 부를 축적했음을 알 수 있다.

대출을 단지 빛이라는 단순한 논리로 접근하면 큰돈을 벌기는 어려울 것이다. 나는 어떻게 하면 이율이 저렴한 은행을 이용해 대출을 받을까 하는 고민은 하지 않는다. 원래 이것저것 비교하지 않는 성향 탓도 있겠지만 이자로 나가는 돈을 계산할 시간에 어떻게 하면 돈의 흐름에 맞추어 투자할지 초점을 맞추기 때문이다. 투자를 진행할 때 항상 투자의 속도와 흐름에 균형을 유지하려고 노력한다. 비교할 시간에 어떻게 하면 투자를 완결 짓고 빠른 속도로 수익을 낼 수 있을지가 중요하기 때문이다. 수익이 적은 만큼 종목별로 보유 기간을 길게 가져가면 될 것이고 최소한 월세 수익이 대출 이자와 원금 분할 상환액을 충분히 내고도 남는 부동산을 공략하면 고민할 이유가 없는 것이다.

투자를 하는 과정에서 작은 부분까지 과도하게 집착하다 보면 큰 흐름을 놓치게 된다. 이는 처음부터 큰 그림을 그리고 투자를 시작하지 않은 데서 비롯될 때가 많다. 나는 일을 진행할 때 결과를 미리 떠올리며 나아가기 때문에 세세한 부분보다는 제시간에 마무리하는 데 초점을 맞춘다. 바로 이런 투자 방식이 내 성향인 것이다.

　당신은 사업가인가 직장인인가? 사업가 스타일이 아니더라도 의식적으로 투자를 시도해 보는 일이 좋을 것이다. 하지만 주어진 일이 편하고 고정적인 급여 안에서 절약하는 수준으로 생활하는 것이 행복하다면 그저 월급쟁이로 만족해야 한다. 그러나 자신의 의지에 따라 마인드도 얼마든지 바꿀 수 있다. 만약 스스로 자기 자신의 마음가짐을 바꾸기 어렵다면 자신을 바꿔줄 만한 환경을 찾아가면 된다. 바로 대출 활용에 대해 긍정적인 관점으로 이야기하는 사람을 만난다든지 부동산으로 성공한 사람과 자주 만나는 것이다. 여기서 한 가지 더 말하고 싶은 것이 있다면 대출에 대한 생각이 부정적이거나 부에 대한 의식이 낮은 사람들과는 완전히 결별해야 한다. 이 점을 명확하게 하지 않으면 당신은 평생 지금보다 더 나은 부를 쌓기 어려울 것이다.

　부에 대한 의식 자체가 높은 이들과 어울려야 자신의 사고를 키울 수 있는 법이다. 경매를 배우더라도 일반 학원보다 사업적인 측면에서 부동산을 다루고 운용하는 방법을 가르치는 곳을 찾아 배워야 한다. 그런 환경에 자신을 온전히 노출시켜야 배우는 과정에서 자연스럽게 마인드를 바꿀 수 있다. 내가 운영하고 있는 〈한경협〉이 바로 그런 곳이다. 이미 많은 사람들이 나와 함께 부에 대한 의식을 바꾸고 부동산 경매로 만족할 만한 수익을 창출하고 있다. 당신도 그들처럼 인생을 바꾸고 싶다면 010 6637 2358로 연락하길 바란다. 경매 투자 방법에 대한 교육뿐만 아니라 그 과정에서 부에 대한 관점을 바꿔 주어 성공적인 투자가의 길로 이끌어 줄 수 있다.

대출로 사업을 준비할 생각을 하고 있다면 이제 경매 투자에서 대출을 효율적으로 이용할 수 있는 방법에 대해 고민해야 한다. 즉 대출과 동업을 결정했다면 구체적인 사업 계획부터 세워야 하는 것이다. 입찰할 물건을 선별한 후 내가 가진 돈으로 어떻게 가성비를 극대화할 것인지 전략을 세우는 것부터 시작이다.

현 정부의 대출 규제가 시행되기 이전에는 대출액이 많을수록 수익률이 높았다. 원금을 상환하지 않아도 되었기 때문에 월세에서 대출 이자만 지출하고 남는 금액은 전부 순수익이 되는 것이다. 이렇다 보니 소액을 가지고 있는 20~30대 직장인들까지 공격적인 베팅을 감행했고 낙찰가율은 치솟기 시작했다. 예나 지금이나 1,000만~2,000만 원을 은행에 예금해도 만기 후 받는 이자는 얼마 되지 않는다. 실투자금이 1,000만 원인 경기 지역을 비롯해 지방의 소형 부동산에 투자하면 매월 두 자리 숫자의 월 수익과 일정 시세차익이 확보되니 당연한 현상이었다. 지금도 그런 물건은 많지만 앞으로는 원금을 상환해야 한다는 점이 예전과 달라진 점이다. 자칫 매매가 대비 월세 수준이 약한 부동산에 투자할 경우 월 수익은커녕 마이너스가 되어 손해를 감수해야 할 수도 있다는 뜻이다.

대구에서 어느 독자 한 분이 내게 메일을 보내왔다. 3,000만원 씩 투자해 낙찰받은 부동산이 여러 채 있는데 올해 원금 상환이 시작되어 고민이라는 내용이었다. 당시 초기 투자금을 줄이기 위해 되도록 매각가율이 낮은 물건 위주로 공략하는 전략을 취했다는 것인데 자세히 살펴보니 매매가 대비 월세 수준이 그리 좋지 않은 물건들이 대부분이었다. 대출 이자에 원금 분할상환액이 더해지면 월 수익이 마이너스가 되니 부담스러울 수밖에 없는 노릇이었다.

또 다른 사례로 컨설팅 업체를 통해 대전에 있는 아파트 한 채를 낙찰받은 신동우 씨는 대행업체가 시세 조사를 잘못해 손해를 보았다. 감정가보다 시세가 낮은 것을 확인하지 못하고 높은 가격에 응찰한 것이 실수였기 때문이다. 결국 시세차익도 보지 못한 채 급매 수준보다 낮은 가격에 매도해 투자 원금도 회수하지 못했다. 경매 투자는 원금 손실이 절대 있을 수 없는 재테크다. 다만 제대로 배우지 않았거나 검증되지 않은 곳에 대행을 맡겼을 때 손해를 보게 된다. 모 대기업의 이사를 지낸 이재훈 씨는 얼마 전 일산의 한 상가를 컨설팅으로 낙찰을 받았는데 스트레스가 이만저만이 아니었다. 기존에 사용했던 레스토랑 설비에 대한 철거비와 인테리어 비용을 입찰 전에 산정하지 않아 예상치 못한 추가 비용을 떠안게 되었기 때문이다.

입찰하기 전에 항상 내가 입찰할 물건에 대한 대출 규모를 산정하고 이를 1차적으로 반영해 낙찰가를 예측해 보는 것은 필수다. 부동산 대출 규제 지역과 조정 지역, 그리고 비 규제지역에 따라 대출 규모가 달라질 뿐만 아니라 개인의 연봉 수준이나 신용 등급에 따라 대출 가능한 액수가 다르기 때문이다. 연봉 수준은 전년도 소득 금액을 기준으로 하고 소득이 없는 주부나 백수의 경우 연 카드 사용액이 일정 기준을 넘어야 대출이 가능하다. 앞서 언급한 대출의 범위는 모두 입찰자 입장에서 고려해야 하는 조건이고 경매 물건의 관점에서 고려해야 하는 조건은 얽혀 있는 권리 관계에 주의하면 된다. 허위라고 해도 유치권이 신고 되어 있는 물건은 금융 기관에서 대출을 꺼린다. 항상 이기는 전략은 애초에 대출이 가능한 것인지 점검하는 습관을 들이는 것이다. 가령 소멸되지 않고 살아 있는 선순위 권리들이 있다면 금융 기관과 선 협의를 거치는 것이 바람직하다. 대출 가능 여부를 먼저 살펴본 후에 입찰해야 자신의 소중한 보증금을 날리는 일이 없을 것이다.

기존에 주택 담보 대출이 있는 사람은 규제 지역을 제외한 곳의 부동산을 공략해야 경락 잔금을 감정가의 60%까지 활용할 수 있다. 무주택자라면 규제 외 지역에서 감정가의 70%까지 가능하다. 감정가 대비 낙찰가가 상대적으로 낮을 경우에는 낙찰가의 80% 이상을 기대할 수도 있다. 소액으로 경매 투자를 시작한다면 규제 이외 지역의 물건에 투자하는 것이 만족할 만한 수익을 창출할 수 있을 것이다. 내게 수업을 듣고 3주 만에 인천 계양구에 있는 빌라 한 채를 낙찰받은 이윤아 씨는 감정가 1억 3,700만 원의 빌라를 1억 1,200만 원에 낙찰받았다. 시세는 1억 3,000만원 수준으로 차익은 많지 않았지만 무주택자로 대출이 80% 이상이 나왔고 보증금 2,000만 원이 회수되어 60만 원 정도의 실투자금이 지출되었다.

사회 초년생인 박우진 씨 역시 인천 계양구에 있는 빌라를 정규 과정 중에 낙찰받았다. 감정가 5,900만 원의 빌라를 3,954만원에 낙찰받았는데, 시세는 5,500만 원 수준으로 경락 잔금 대출이 4,000만 원이 나왔다. 결국 임대 보증금 500만 원을 회수해 들어가는 돈이 없어도 오히려 돈이 남는 성과를 이루었다.

경매 투자는 입찰하기 전에 항상 이기는 전략을 세워야 수익을 지속적으로 창출할 수 있다. 투자에 따라 이익을 볼 때도 있고 손해를 볼 때도 있다면 그 투자는 바람직하지 않다. 특히 돈이 충분하지 않은 상황이라면 절대 원금은 잃지 않고 투자할 때마다 이익을 남겨야 하는 것은 당연한 일이다. 어떤 부동산이든 투자 목적을 분명히 할수록 성공 확률은 커진다. 특히 시세 차익을 목적으로 할 경우 투자가용금액을 줄이고 대출 규모를 늘려야 가성비가 커진다. 이때 월세 수익이 약하거나 마이너스가 되더라도 본업에서 부담스럽지 않은 정도의 금액이라면 단기 매도를 통해 수익을 창출하는 전략도 좋을 것이다. 반대로 시세 차익은 적더라도 월세 수익이 목적이라면 투자가용금은 올리고 대출 규모를 줄이는 방향으로 전략을 세워야 한다.

대출도 전략적으로 활용할 수 있어야 돈을 벌 수 있다. 적은 돈일수록 대출을 활용한다면 단기간에 자산을 늘리는 중요한 기술이 될 것이다. 이제부터라도 금리를 따지기 전에 어떻게 하면 대출을 이용해 돈을 효과적으로 늘릴 것인지 그 운용법에 대해 연구해 보자.

부동산 경매 시장과
일반 매매 시장은 다르다

폭우를 예상하는 것은 중요하지 않다. 노아의 방주를 만드는 게 중요하다.

_ 워런 버핏

도매업체가 소매업체에 물건을 팔 때 마진을 얼마나 남길까? 중소기업 벤처지원부에 따르면 통상 최종 소비자 가격을 100원이라고 가정했을 때 제조업체의 정상 이윤을 포함해 생산 원가의 출고 가격은 30원이고 이를 도매업체에서 소매업체에 출고할 때에는 60~70원으로 넘긴다. 이렇게 해서 최종 소비자는 100원을 지불하는 것이다. 물론 품목이나 영업장의 성격에 따라 마진의 폭은 일정하지 않을 것이다. 스마트 폰이나 자동차, 유명 브랜드의 가구 등의 마진율은 상당히 큰 편이고, 직원가로 구매했을 때와 소비자가로 구매했을 때의 금액 차이도 크다. 이처럼 경매 시장이야말로 도매가로 부동산을 살 수 있는 유일한 곳이다. 그래서 경쟁률이 높은 곳보다 낮은 물건을 찾아 투자하는 것이 진정한 매력인 것이다.

사람들은 사고 싶은 책이 절판되어 살 수 없을 때 중고 서적을 판매하는 웹 사이트를 찾는다. 새 책은 아니지만 소비자가보다 훨씬 저렴하게 구매할 수 있다는 장점이 있기 때문이다. 경기가 어려워질수록 중고 책을 즐겨 찾는 사람들도 많아졌다고 하니 고용 불안과 경기 침체가 이어지면서 한 푼이라도 아끼려는 사람들이 늘고 있는 것이다.

중고 책은 때가 묻어 있거나 밑줄이 그어져 있기도 하다. 구매할 때 당연히 이런 것쯤은 알고 기꺼이 돈을 지불한다. 중고 책을 구매하는 목적은 우선 나에게 필요한 내용이어야 하고 덤으로 가격도 저렴해서다. 경매 투자에 비유하자면 소비자가(시세)보다 저렴하게 사서 다시 소비자가(시세)로 팔아 그 차익을 얻는 행위다.

소비자가보다 저렴하다는 말은 도매가로 산다는 말과 같다. 경매도 부동산을 살 때부터 이미 저렴하게 사는 것이고 구입할 당시에 건물의 상태가 노후되어 있다는 것을 알고 있다. 경매 투자의 목적은 오로지 '수익'이다. 수익률이 좋은지 여부를 정확히 따져보고 구매할 수 있는 곳이 경매 시장인 것이다.

2016년 이후에는 전국 경매 낙찰가율이 꾸준한 하락세를 보이면서 70% 수준으로 떨어졌다. 주거 시설이 80% 선을 유지하는 데 그치고 있는 이유는 현 정부의 부동산 정책 이후 입찰자들이 보수적으로 낙찰가를 산정하기 때문인 것으로 분석된다. 서울과 지방의 양극화 현상으로 지방의 경매 물건을 시세보다 저렴하게 살 수 있는 기회는 더욱 많아지고 있다. 매매 시장은 잔뜩 얼어붙어 있지만 경매 시장은 차익을 볼 수 있는 적기인 셈이다.

작년까지만 해도 1,000만 원으로 투자가 가능한 물건들이 많았다. 그렇다 보니 소액을 들고 있던 수많은 사람들이 경매 시장에 뛰어들었고 낙찰가율은 90%를 넘는 수준에 이르렀다. 소위 말하는 '먹을 것이 없는 시장'이 된 것이다. 그러나 대출 규제가 본격화되면서부터 겁 없이 덤비기 시작했던 소액 투자자들의 발걸음이 꽤 줄어들었다. 그래서 곧 낙찰가율이 낮아지는 추세로 이어지고 있으며 소액 투자로도 일정 시세차익을 기대할 수 있게 되었다.

서울 도곡동에 거주하는 40대 직장인 김도성 씨는 올 봄에 인천의 빌라 한 채를 낙찰받았다. 그런데 시세 조사를 여유 있게 했어도 예정된 매각일 전날까지 해외 출장을 가 있는 터라 입찰에 성공할 수 없을 것이라고 생각했었다. 그런데 그는 그동안 조사한 노력이 아까워서라도 입찰은 해 보고 싶은 마음에 출장에서 돌아온 다음날 부랴부랴 법원을 향해 달려갔다.

나는 사실 그에게 어떤 기대조차 하지 않고 업무 중이었는데 도성 씨의 놀란 목소리를 듣게 되었다.

"대표님, 낙찰됐는데요?"

"네? 뭐요?"

"낙찰됐다고요."

"……."

전용 17평의 빌라였는데 사진으로 보기에 지하처럼 보인 탓이었는지 입찰자들의 낙찰가가 하나같이 낮았다. 시세는 1억 6,000만 원 수준이었지만 낙찰가는 1억 1,000만 원이었다. 5,000만 원(세금 제외)의 시세차익을 두고 낙찰을 받게 된 것이다.

이 빌라는 낙찰가와 똑같은 금액 1억 1,000만 원으로 전세 계약이 성사되었는데 수리 후 불과 1개월도 채 되지 않은 시점이었다. 결국 목돈을 다시 손에 쥘 수 있었고 재투자가 가능한 상태가 된 것이다. 굳이 시세가 오르지 않아도 충분한 가격 차이로 차익 실현이 가능한 결과를 얻은 사례였다.

경매 시장은 이렇게 수익률을 정확히 예측할 수 있는 곳이다. 낙찰가를 쓰는 순간 시세와의 가격 차이를 알고 들어가는 시장인 것이다. 어떻게 손해를 볼 수 있겠는가. 흔히 경매해서 크게 손해를 보았다는 사람들의 특징은 실수를 했거나 제대로 배우지 못했기 때문이다.

"사장님, 좋은 상가 하나 있으면 소개 좀 해 주세요."
"네, 하나 있는데, 보시겠어요?"

만기가 끝나고 공실 중이던 상가에 임차인이 입점하기로 해서 화성에 있는 공인중개사사무실로 찾아가 계약서를 작성했다. 계약을 마무리하고 주변을 돌아보니 세대수가 많은 아파트 단지가 있었고 상가 건물은 극히 적었다. 그래서 혹시나 하는 마음에 공인중개사무실에 상가로 나온 매물이 있으면 소개해 달라고 했더니 4층에 있는 120평 규모의 병원 건물을 추천해 주었다. 시세는 5억 원 정도인데 임대료는 보증금 5,000만 원에 월세 250만 원까지 맞춰 준다고 자신했다. 시세대로 5억 원에 상가를 매입할 경우 대출 이자와 대출금 분할 상환액까지 고려하면 매달 약 200만 원 내외의 돈이 은행으로 들어가는 셈이다. 가성비가 현저히 떨어지는 매물임을 알 수 있지 않은가.

만약 이 매물이 경매로 나온다면 일반 매매 투자와 어떤 차이점이 있을지 생각해 보자. 상가의 경락 잔금 대출은 80% 이상이 가능하다. 낙찰가가 시세보다 상대적으로 낮을수록 대출액은 많아진다. 더구나 상가의 낙찰가는 일반 매매가보다 낮다는 점을 감안하면 시세차익도 기대할 수 있다는 것이 장점이다.

돈이 없는 사람이 일반 부동산 매매 시장에 뛰어들려면 남의 힘을 빌려야 한다. 소액을 들고 있는 사람들은 공동투자를 통해 오랜 시간을 기다려야 하는 인내심이 필요하다. 또한 스스로 하지 않고 타인의 힘에 의지해야 한다는 단점도 있다. 재테크는 시간 싸움으로 속도까지 늦으면 그 의미가 없는 것이다. 땅 한 평이라도 내가 스스로 일궈 나가는 것이 중요하다.

돈이 적을수록 직접 투자를 통해 돈을 불리는 능력을 갖추는 것이 필요하다. 경매 시장에서는 자신의 명의로 된 건물을 낙찰받아 한 달 이내에 소유주가 될 수 있다. 또한 수익률을 당장 계산할 수 있고 그에 맞게 자신이 매입할지 아닐지 결정만 하면 된다. 그만큼 투자에서 성과를 낼 수 있는 속도가 일반 매매 시장보다 훨씬 빠른 것이다. 이는 다른 사람의 도움 없이 오직 자신의 판단을 믿고 투자한다면 경매로 성공하는 지름길이 열리는 셈이다.

일반 매매 시장에서는 공인중개사의 중개를 통해 부동산에 투자하는 것이 일반적이다. 내가 굳이 나설 이유 없이 중개사가 대신 일을 진행해 준다. 이 점이 경매 시장과 가장 큰 차이다. 물론 경매 시장에서도 컨설팅을 하는 회사들이 있다. 하지만 더 자세히 비교하면 일반 매매 시장은 긴 안목과 식견이 있는 중개인을 믿고 맡기는 형태이고 경매 시장은 직접 공부하고 조사해 확인한 후 낙찰을 받는 형태이다. 중개인에게 의뢰할 경우 매번 중개 비용을 지불해야 하지만 경매는 직접 투자가 쉽고 빠르며 은퇴 시기가 따로 존재하지 않는다. 자본 운용을 어떻게 하느냐에 따라 돈을 빨리 벌 수 있는 시간이 단축되기도 한다.

돈은 충분한데 시간이 없는 사람들은 컨설팅을 통해 부동산을 매입한다. 굳이 직접 나서지 않더라도 대가를 지불하고 사람과 시간을 사는 것이다. 반대로 경매 시장은 돈이 없는 사람이 기회를 찾는 곳이다. 돈이 없을수록 성공할 확률도 크다. 왜냐하면 편견 없이 조건을 가리지 않고 가성비가 큰 물건을 찾는 것에 몰입하기 때문이다. 매매 시장이 느긋하고 여유 있는 사람의 영역이라면 경매 시장은 투자를 통해 목돈을 벌 수 있는 발판으로 삼는 곳이다.

사업이 망해 집까지 경매로 넘어간 수강생이 있었다. 그의 부모님은 몇 년 후 경매 투자로 다시 일어섰다. 그때 그는 경매를 배워야겠다는 결심을 했고 배운지 두 달도 안 되었을 때 낙찰을 받았다. 자신이 소망하는 결과는 절박할 때에 가장 빠르게 현실로 나타난다.

경매 투자가 보편화되면서 많은 사람들이 경매 공부에 관심을 쏟고 있다. 하지만 아직도 경매에 대해 잘 모르는 사람은 3,000만 원으로도 경매 투자가 불가능할 것이라고 생각한다. 교육을 받기 위해 찾아오는 대부분의 직장인들이 보유한 자금은 대략 2,000만 원 안팎이다. 심지어 어렵게 모았다며 600만 원을 손에 쥐고 찾아오는 직장인도 있다.

경매 시장은 600만 원으로도 자본 운용을 잘만 하면 돈을 만들어낼 수 있는 곳이다. 그러나 이는 직장을 다니고 있다는 전제하에 가능한 방법이다. 직장을 다닌다는 것은 월급이 꼬박꼬박 나온다는 뜻이다. 그래서 대출을 해주는 금융 기관에서는 직장인을 가장 신뢰한다. 만약 당신이 소액으로 부동산 투자를 하고 싶은 직장인이라면 경매 투자야말로 가장 안전한 투자 방식임을 알아야 한다.

돈이 없을 때야말로
진짜 물건을 고를 수 있다

시작하는 방법은 그만 말하고 이제 행동하는 것이다.

_ 월트 디즈니

당신은 물건을 구매할 때 수중에 갖고 있는 돈에 맞추어 사는 편인가? 아니면 신용카드 할부를 이용해서라도 마음에 드는 물건을 구입하는 편인가? 가치를 부여하는 정도에 따라 돈을 쓰는 방식은 전혀 달라진다. 단순히 절약하려는 사람은 당장 지출되는 돈을 줄이려고 할 것이고 반대로 돈이 부족하더라도 자신에게 가치가 있다고 여겨지면 할부를 이용해서라도 구매할 것이다.

부의 차이는 자기계발을 할 때 더 명확히 드러나게 된다. 돈을 아끼는 데 초점을 두는 사람은 무료 특강이나 동영상을 이용한다. 이 부류는 가난한 사고방식의 소유자들이다. 하지만 이와는 달리 부자의 사고를 지닌 사람들은 돈을 아끼는 것보다 시간을 아끼는 데 초점을 둔다.

내가 당신에게 일러둘 말은 가난한 상황에서 벗어나길 원한다면 철저하게 가치를 쫓는 투자를 해야 한다는 것이다. 나는 월급쟁이 생활을 할 때에도 배우는 것만큼은 돈을 아끼지 않았다. 왜냐하면 시간을 아끼는 것이 돈을 아끼는 길이자 돈을 버는 길임을 깨달았기 때문이다. 배우기를 결심하고 돈을 투자할 때에는 반드시 10배 이상의 가치를 창출하겠다는 각오로 임해야 한다. 나를 찾아오는 사람들은 지식보다 배운 즉시 결과를 내고 싶은 의지가 강한 사람들이다.

올해 24세인 대학생 김기훈 군은 단돈 200만 원을 들고 경매로 전업 투자가의 길을 가고 싶다는 생각에 무작정 나를 찾아왔다. 보통 상담을 하다 보면 눈빛이나 말 속에 의심이 많은 사람들을 만나게 되는데 그는 말의 무게감이나 눈빛에 절실함이 묻어 있었다. 예상한대로 배운 지 2주 만에 부산에 있는 아파트 한 채를 낙찰받았고, 24세에 어엿한 집주인이 되었다.

이와는 반대로 서울에서 직장생활을 하고 있는 박현성 씨는 온라인 교육을 통해 6개월 동안 공부했지만 막상 실무에 적용하지 못해 1년이 넘도록 낙찰 한 번 받지 못하고 있었다.

가난한 사람들의 특징은 돈이 없으면 없는 대로 살아가고 쓸 곳이 생기면 먼저 지출한다. 부끄럽지만 나 역시 그랬다. 직장인이 편안하다고 하는 이유는 주어진 시간 동안 일을 하면 정해진 날짜에 급여가 들어오기 때문이다. 그러나 남이 나에게 돈을 주는 것을 기다려야 함으로 매우 수동적인 일이 아닐 수 없다. 직장인은 자신의 시간을 회사에 팔고 돈을 받는 것인데 이로 인해 현대판 노예라고 불리기도 한다. 고정된 습관이 길어지면 나의 사고방식으로 굳어지게 되고 곧 가치관이 되기 쉽다.

나는 직장생활을 10년 가까이 했는데 사업을 하면서 2년 동안은 상당히 힘이 들었다. 몸에 익은 수동적인 습관이 벗겨지지 않았고 외부에서 일이 주어지지 않으면 알아서 일하는 법이 없었기 때문이다. 나무 아래에서 열매가 떨어지기를 기다리는 것은 지루하기는 해도 힘은 들지 않는다. 하지만 이렇게 해서는 돈을 빠른 속도로 모을 수 없다. 기꺼이 자신이 열매를 따러 나무 위로 직접 올라가야 하는 것이다. 당신이 가난한 사람이라면 나무 위로 올라가는 법을 터득해야 한다. 나무 타는 법을 배워두면 열매는 언제든 쉽게 따 먹을 수 있게 되기 때문이다.

돈을 기다리지 말고 먼저 만들 생각을 하라. '만들다'의 의미는 사업을 해 본 사람이라면 이해할 것이다. 없는 돈을 만들기 위해서는 타인의 자본을 이용해야 한다. 이는 단순히 사채를 쓰거나 은행에서 대출을 활용하라는 뜻이 전혀 아니다. 투자를 한 이후 회수되는 시점과 회수 가능한 돈의 양이 빌린 돈의 양보다 많아야 한다. 그렇지 않고 무작정 빌리기만 하면 오히려 빚을 떠안아 투자를 접게 된다. 분명히 말하지만 타인의 자본보다 회수되는 자본이 적으면 아직 돈을 만들 수 있는 능력이 부족하다는 것으로 해석해야 한다. 간혹 회수될 것이라는 가정 하에 남의 돈을 활용하는 사람들을 보게 되는데, 역시 투자금을 회수하지 못해 철창신세를 지는 사람들도 보았다. 아무리 성능이 뛰어난 자동차도 운전이 미숙한 초보자가 운전을 한다면 사고의 위험은 훨씬 높아진다. 바로 도구를 사용하는 사람이 그것을 능숙하게 다룰 수 있는 실력과 마인드를 갖추어야 하는 이유다.

이제 운전 기술을 배웠다면 도로를 달려 볼 차례다. 무단횡단을 하는 사람이 보이면 우선 멈춰서기도 해야 하고 학교 앞 횡단보도에서는 서행을 해야 한다. 하지만 안 보이던 사람이 갑자기 튀어나와 사고가 나기도 하고 빗길에 속도를 이기지 못하고 추돌사고를 일으키기도 한다. 이렇듯 무수한 경우의 수를 상황에 맞게 대처하기란 매우 어려운 일이다.

부동산에서 자본을 운용하는 일은 변화무쌍하다. 투자금이 적으면 가성비가 높은 물건을 집중적으로 공략해 재투자의 발판을 삼는 노력을 해야 한다. 투자금에 여유가 있다면 종목과 지역에 따라 저평가된 물건을 찾아 시세차익을 노리는 것도 좋을 것이다. 또한 낙찰을 받고 전세를 주고 투자금을 모두 회수한 후 재투자를 할 것인지 아니면 실투자금은 줄이고 월세를 늘려가는 방향으로 전략을 취할 것인지 결정해야 한다.

지금 돈이 없다고 손을 놓은 채 허공만 바라보고 있는가. 당신이 현재 돈이 없다면 그 돈을 다룰 수 있는 능력부터 갖추는 것이 우선순위가 되어야 할 것이다. 그래야 실패를 하더라도 빠른 시간 내에 일어설 수 있는 자신감을 얻게 된다. 성공자들은 시련을 통해 깨닫고 성장하며 부자의 반열에 오른 사람들이다. 중요한 것은 시련을 축복으로 여기고 당연하게 받아들일 줄 아는 마음가짐이다. "나는 언제든 일어설 수 있는 힘이 있어!"라는 마인드가 항상 자리 잡고 있어야 부를 축적할 수 있을 것이다.

건설회사에 다니는 30세 이지훈 씨는 건축 현장에서 대리로 근무하고 있었다. 부동산에 대한 지식이 전혀 없었던 그는 투자금 한 푼 없는 상황에서 교육을 받았다. 대출 이자와 마이너스 통장까지 활용해 투자하기로 했는데 여기서 가장 중요한 것은 더블 대출을 활용하더라도 수익이 발생하는 물건을 선별해야 한다는 것이다. 그렇지 않으면 내 돈이 나가는 최악의 상황이 발생하게 된다.

이지훈 씨가 낙찰받은 물건은 경기도 용인에 있는 소형 아파트로 용인 전대리역 인근에 위치해 있었다. 인근에는 지하철역과 빌라들이 즐비한 가운데 유일한 아파트에 속했는데, 당시 매물이 귀해 나온 매물이 거의 없다시피 했다. 입찰한 결과 차 순위와 100만 원 차이로 낙찰을 받았다.

돈이 없는 가운데 투자가 가능한 것은 빌리는 돈보다 투자로 회수되는 돈이 더 많기 때문이다. 쉽게 말해 보유 중에 내 돈이 들어가지 않고 팔면서도 이득이 남는 부동산을 가려내는 것이 핵심인 것이다. 매매가에 비해 월세 수준이 높거나 전세가 높아야 하는 것은 당연하다. 돈을 만들어내는 능력은 먼저 돈이 되는 물건을 가려내는 안목에서 출발한다.

사람들은 겉모습만 보고 상대를 평가하려는 경향이 있다. 겉모습이 초라하면 가난할 것이라고 미루어 짐작해 버리는데 경매 시장에서는 돈이 되는 물건은 쉽사리 겉으로 드러나지 않는다. 그래서 경매 초보자는 '돈이 되는 것은 아마 이렇게 생겼을 것이다'라고 미루어 짐작해 버려서 아까운 물건을 놓치고 만다.

부동산의 생김새가 낡거나 입지가 좋지 않다고 돈이 안 될 것이라는 편견은 버려야 한다. 경매 시장은 중고품을 파는 시장이다. 당연히 낡고 오래된 상품인 줄 알고 투자에 임해야 한다. 경매 시장에서 돈이 안 되는 물건의 특징은 입지가 좋거나 연식이 몇 년 되지 않는다. 이러한 특징들은 경매 초보자들에게 어렵지 않게 노출되기 때문이다. 경쟁률이 높아지면 낙찰가는 당연히 높아진다. 낙찰가가 높으면 시세차익은 얻을 수 없게 된다. 결국 돈이 되는 물건이란 경쟁률이 적고 예상 낙찰가가 낮은 물건을 뜻한다.

부자와 빈자는 돈이 많고 적음을 떠나 사고방식에서 차이가 난다. 달리는 차의 기름의 양이 한정되어 있다면 목표로 하는 지점에 도달할 수 없을 것이다. 기름을 아껴서 간다고 될 일이 아닌 것이다. 돈이 없음을 걱정하기 전에 돈을 벌 수 있는 재주가 없음을 걱정해야 한다. 재주를 키우기 위해서는 배워야 하고, 배우기 위해서는 스펙 쌓기가 아닌 돈을 벌 수 있는 방법과 사고방식을 익혀야 한다.

부자의 사고방식을 갖추려면 혼자서는 매우 힘들다. 부에 대해 말하고 부에 대해 생각하는 환경에 뛰어들어야 가난한 사고를 비로소 없앨 수 있다. 부의 세포가 사고를 지배하면 가난한 세포들이 머물 공간은 사라지게 된다. 가난한 생각과 말을 입에 달고 다니는 사람들과의 관계를 철저히 차단하는 것이 부자의 사고방식을 장착시키는 가장 빠른 길이다. 가난한 사람들은 돈이 없을수록 안 쓰는 것을 최선으로 여긴다. 상식적으로 돈이 없으면 돈을 벌 생각을 해야 하지 않겠는가. 없으니 벌어야 하고 벌기 위해서는 일을 해야 한다. 하지만 이 지점에서 문제가 발생한다.

　직장이라는 한정된 장소와 시간에 꼼짝없이 갇혀 자신의 자유를 회사에 헌납해야 한다는 것이다. 도무지 월급 외에 돈을 벌 궁리를 하지 못한다. 아끼는 것 외에는 방법이 없다고 생각한다. 이제는 무작정 아끼기만 해서는 답이 없다는 것을 깨달아야 한다. 아끼는 것보다 중요한 것은 현명하게 돈을 집중해서 쓰는 법을 배워야 한다. 이때의 결과는 몇 배로 자신에게 돌아오게 될 것이다. 돈을 버는 법에 대해 배울 수 있는 곳이 있다면 먹고 싶은 것, 사고 싶은 것을 줄여서라도 돈과 시간을 우선순위로 투자하라. 그래야 남들보다 한 걸음이라도 더 빨리 부자가 될 수 있다.

　인생은 직선 도로만 있는 것이 아니다. 구부러진 길도 있고 울퉁불퉁한 길도 마주하게 된다. 오르막길이 있으면 내리막길도 있듯 여러 갈래의 길을 지나다 보면 마침내 목표한 곳에 도달한다. 사람마다 시간적인 차이는 있을지라도 과정을 꿋꿋이 이겨내었다면 반드시 성공이라는 달콤한 맛을 맛볼 수 있을 것이다.

　돈이 없을수록 돈이 되는 물건을 찾아라. 직장을 잃고 잠시 쉬고 있을 때, 퇴직 후 새로운 사업을 시작해 수입이 없을 때 등 어려울 때 반드시 나와 가족을 위한 든든한 버팀목이 되어 줄 것이다. 또한 갑자기 목돈이 필요할 때에도 부동산은 큰 효자 노릇을 한다. 돈이 되는 부동산은 지금도 낡고 빛바랜 옷을 입고 당신을 기다리고 있다.

현장답사는 애인을
만나러 가는 길이다

"아빠, 사랑해."

"응, 아빠도 승연이 사랑해."

"아빠, 나도 사랑해."

"그래, 아빠도 은지 사랑해."

첫째와 둘째 아이는 내게 "사랑한다."라는 말을 자주 한다. 아이들이 사랑의 감정을 표현할 때 부모의 자식 사랑은 더욱 애틋해질 수밖에 없다.

나는 현장답사를 나가 부동산을 만날 때 사랑하는 마음으

로 대한다. 마주한 대상이 사람이든 물질이든 사랑으로 가득
차 있을 때 좋은 점만 바라볼 수 있기 때문이다. 사랑이 없는
대상을 마주할 때에는 상대의 단점부터 찾기 시작한다. 굳이 시
간을 내어 간 현장답사에서 이 물건이 안 되는 이유만 찾는 사
람도 여럿 있다. 그러니 돈을 못 버는 것이다. 경매 시장이 중고
시장인 것을 안다면 당연히 눈에 보이는 흠은 감안해야 한다.
그러나 중고 시장에 와서도 새것만 찾으려는 초보자들이 있다.
이들 덕분에 낙찰률이 상승하는 요인인 것이다. 돈을 벌고 싶은
절박한 심정의 사람일수록 물건의 단점보다는 한두 가지의 장
점이라도 이것을 캐치해 적극 활용해 성공한다. 경매 시장에서
일반 매매 시장처럼 모든 조건을 갖추어야 입찰해 보겠다는 생
각은 욕심일 뿐이다.

대구에 사는 김진이 씨는 남편이 하는 사업이 파산 절차를
밟기 직전에 나를 찾아왔다. 남편 몰래 모아둔 1,000만 원으로
경매 투자를 하고 싶다는 것이었다. 절박한 심정이 느껴졌고 내
가 운영하는 수업 과정을 등록해 곧바로 실전 투자에 들어갔다.
그로부터 3주 만에 물건을 선별해 경남의 한 빌라를 보러 입찰
당일 아침 일찍 현장을 방문했다. 그런데 그녀는 해당 물건의
외벽에 금이 가고 노후가 심하다며 결국 입찰을 포기했다. 500만
원 내외 투자로 연 임대수익률이 두 자리 숫자였음에도 겉모습

만 보고는 두려웠던 것이다.

경매 투자로 돈을 벌기 위해서는 다른 관점에서 바라볼 수 있어야 한다. '이렇게 낡았으니 입찰하는 사람들이 적겠구나' 하고 오히려 적은 돈으로 투자할 기회라 여길 수 있어야 하는 것이다. 안 되는 방법만 고민하는 사람과 되는 방법을 찾아 기회를 만드는 사람의 미래는 안 봐도 뻔하다. 돈은 긍정적으로 되는 방법을 고민하는 사람에게 따라붙는다는 사실을 명심하자.

현장답사의 목적은 시세를 정확히 파악하고 눈으로 직접 입찰할 물건의 하자 여부와 주변 환경을 확인하기 위함이다. 답사를 가서 가장 먼저 하는 일은 물건지 인근의 공인중개사사무소에 들르는 일이다. 초보자는 자신이 이사를 간다고 생각하면 발품을 팔아가며 많이 알아보는 것과 달리 경매 투자를 위해 시세를 파악하는 것은 꺼려한다. 왜냐하면 알아보는 것이 부담스럽고 상대가 거짓말을 한다고 생각하기 때문에 두려운 것이다. 정보를 얻지 못하면 시세를 알지 못하고 시세를 모르면 결국 낙찰가를 결정할 수 없게 된다.

어떤 공인중개사는 낙찰가를 결정해 주기도 하고 오히려 투자를 만류하기도 한다. 시세를 1,000만 원에서 2,000만 원 정도 낮게 오류 정보를 제공한 다음 공인중개사가 직접 응찰하는 경우도 있다. 초보자는 이러한 사실을 모른 채 그대로 시세를 믿고 입찰가를 쓰기도 하는데 이는 공인중개사가 나보다 전문가이니 '당연히 맞겠지' 하는 자기 확신이 없는 데서 비롯된 것이다.

서울에 사는 이성희 씨는 용인에 있는 아파트 한 채를 낙찰받았다. 건축법상 아파트나 생김새는 빌라인데 입찰을 위해 인근 공인중개사사무소에 들러 시세를 물어봤다.

"사장님, ○○ 아파트 경매로 나와서 입찰을 할까 하는데 시세가 얼마나 돼요?"

"그거 돈도 안 되는데 왜 하려고 그래요? 요즘 경기도 안 좋아서 거래도 안 돼요."

대부분의 초보자는 남의 말을 그대로 믿고 입찰을 포기하거나 입찰가를 낮게 책정한다. 그러나 나는 이런 정황을 전해 듣고 적극적으로 입찰을 권유했다. 아니나 다를까 이 물건에 대해 부정적으로 말했던 공인중개사가 직접 입찰에 참여한 사실을 확인할 수 있었다. 다행히 수강생이 낙찰을 받았고 공인중개사는 차 순위였다. 이렇게 대놓고 방해를 하는 공인중개사가 있는 반면 친절하게 시세와 낙찰가를 함께 요목조목 알려주며, 낙찰 후 임대를 놓을 때에도 빨리 계약이 성사될 수 있도록 도움을 주는 중개사들도 있다. 어찌되었든 정보의 옥석을 가리는 몫은 나에게 있다는 것이 포인트임을 알아야 한다.

상대방에게 어떤 정보를 얻기 위해서는 마구잡이식으로 묻고 싶은 질문만 해서는 안 된다. 흔히 말하는 영혼 없는 말투로 국어책 읽듯 질문만 하면 정보를 제공하는 사람도 무성의해질 수밖에 없다. 시세를 조사하는 차원에서 한 발짝 물러나 커뮤니케이션으로 다가가야 한다. 표면적으로 주고받는 텍스트보다 말 안에 담겨 있는 '의도'나 '의미'를 파악하는 것이 중요하다.

대화에서 유의할 사항은 질문만 퍼붓지 않아야 한다는 것이다. 형사가 용의자에게 조사하듯 물어서는 절대 안 된다. 처음 만난 사람일수록 상대의 이야기를 많이 듣고 대화의 흐름을 부드럽게 이어가는 것이 중요할 것이다. 한 가지 기술이 있다면 대화 당시의 주변 상황이나 상대의 이름, 옷차림이나 목소리 등 구체적인 부분을 '콕' 짚어주면 좋다. 이웃이나 고객처럼 친근감도 생기고 대화의 범위도 넓어져 상대에게 '관심'의 표현으로 받아들여지기 때문이다.

사랑하는 사람을 만나러갈 때 어떤 표정과 기분으로 길을 나서는가? 굳은 표정으로 만나는 사람은 한 명도 없을 것이다. 현장답사는 부동산의 외관을 둘러보는 것도 중요하지만 현지 거주민들을 만나는 것도 요긴한 자료가 된다. 낯선 사람을 마주할 때 가장 중요한 것은 표정이다. 웃고 있고 즐거워 보여야 상대의 긴장감을 풀 수 있는 것처럼 첫인상이 심각하거나 딱딱한 표정이라면 상대도 불편하고 부담스러워진다. 웃는 연습을 의도적으로 평상시에 하는 것도 좋다. 입꼬리를 살짝 올리고 거울을 보며 연습하다 보면 자연스러워지고, 시선 처리도 한결 좋아진다.

대화를 할 때 상대방의 눈을 보지 않으면 자신을 무시한다고 생각하거나 불쾌한 감정을 느낄 수 있다. 호감을 주는 얼굴로 사람을 대할 때 자신이 의도하지 않은 부분의 정보까지 얻게 되는 경우도 많다. 이렇듯 정보는 얻으려고만 하면 멀어질 수 있으니 자신만의 노하우를 만드는 것이 중요하다.

첫인상이나 표정, 그리고 말투도 상대방의 호감을 이끌어내는 데 중요한 역할을 한다. 정보를 주는 상대방이 마음을 열 수 있도록 하는 방법은 무엇일까. 질문만 구구절절 해댄다면 대화가 이어지지 않을 것이다. 자칫 문답 형식으로 대화가 단절될 수 있기 때문이다. 집을 구하러 온 이유를 설명한다던지 왜 이 지역에 집을 구하러 왔는지 등 얽힌 사연들을 친근감 있게 나열해 대화를 이끌어 가면 훨씬 좋을 것이다.

말을 할 때 표정이나 말투도 중요하다. 말끝을 흐리거나 힘없는 작은 목소리로 말하기보다는 밝고 기분 좋은 표정으로 상대방을 대할 때 호감을 살 수 있을 것이다. 말의 억양과 어휘를 어떻게 선정하느냐에 따라 정보의 질이 달라진다는 것도 숙지하며 내가 먼저 마음을 열고 친근감 있게 다가가야 상대방의 마음을 얻을 수 있음을 알아두자. 개인적인 사연을 하나씩 이야기하다 보면 어느새 상대방도 나에 대한 신뢰감이 생기고 경계심도 사라질 것이다.

초보자는 처음 공인중개사와 대화를 할 때 대화 시간이 매우 짧다. 특히 남성일 경우 단답형으로 순식간에 대화가 끝나는 것을 볼 수 있다. 대화를 길게 이어가려면 상대방의 말을 되도록 잘 들어주고 맞장구를 쳐줘야 한다. 개그 콘서트 같은 프로그램에서 방청객의 역할을 보면 이해하기 쉬울 것이다. 상대의 대화를 끊기보다 흐름을 이어가는 것이 중요하다. 나보다 상대방이 말을 많이 하도록 받쳐주기만 해도 원하는 답을 얻을 수 있다. 그렇다고 내가 원하는 답을 주지 않는다고 해서 말을 끊는 것은 피하는 것이 좋다. 일방적인 대화는 신뢰감을 떨어뜨리기 때문이다. 내가 알고자 하는 정보와는 전혀 무관한 내용이라도 들어주고 관심을 보여야 상대방도 말하고 싶은 감정을 지속적으로 유지할 수 있다. 좋은 감정은 상투적인 어휘보다 구체적이고 사소한 단어를 사용하면 공감을 이끌어내기에 충분할 것이다.

사람뿐만 아니라 물건에게도 감정을 부여해 보라. 나는 내가 좋아하는 것들에 인격을 부여한다. 왜냐하면 내가 그다지 좋아하지 않은 채 가격이 저렴하다고 구입한 물건은 금세 잊어버리거나 버려지는 일이 다반사다. 하지만 내가 좋아하고 애정이 담긴 물건은 관리도 잘 되고 쉽게 잊어버리는 일이 없기 때문이다.

실제 내가 소유하고 있는 빌라나 아파트, 상가들은 이름을 갖고 있다. 낙찰받은 날을 생일로 정해 놓고 각각 이름을 붙여 가죽 파일에 등기를 넣어 보관하고 있다. 나는 이들을 잘 키우며 보살핀다는 마음으로 관리한다. 내 자산을 키우는 데 중요한 밑거름이 되기 때문이다. 이처럼 현장답사를 가는 일은 사랑하는 사람을 만나러 가는 것처럼 설레임이 있어야 한다. 그만큼 애정 어린 관심을 두고 반드시 내 것으로 삼겠다는 의지가 필요한 것이다. 애인을 만나듯 부동산을 대하라. 돈은 자신을 좋아하는 사람 곁에 머무르게 된다.

명도는 천천히,
집행은 속전속결로 마쳐라

> 두려움은 도망치면 배가 되지만 정면으로 맞서면 반이 된다.
> _ 장 자크 루소

정글에서 동물들이 먹잇감을 사냥할 때에는 신호를 알리고 접근하지 않는다. 사자가 벌판에서 풀을 먹고 있는 사슴을 사냥할 때에도 발소리를 죽이고 수풀 속에 숨어 기회를 노린다. 그리고 자신보다 약한 먹잇감이라고 해도 단독으로 공격하지 않고 무리를 지어 사냥한다. 아무리 밀림의 왕이라고 해도 사냥 성공률을 최대로 높이는 것이다. 이렇듯 사자는 한 번에 사냥을 끝내고 푸짐하게 식사를 끝낸 다음 며칠 동안 느긋하게 휴식을 취한다.

사람도 말이 서투르고 더듬는 사람이 있는데 이들의 특징은 심리적으로 불안한 마음을 갖고 있다는 것이다. 말을 잘 못하거나 실수하지 않을까 하는 마음이 들기 때문이다. 이를 극복하기 위해서는 사자의 느긋함을 배우는 일이다. 물론 타고난 것도 있어서 성격을 바꾸기란 쉽지 않지만 명도를 할 때만큼은 느긋해야 한다. 그러기 위해 할 수 있는 훈련으로는 문장을 말할 때 문장과 문장 사이에서 잠깐 쉬어 주고 다음 문장을 말하면 좋다.

앞서 언급한 문장을 가지고 적용해 보자.

정글에서 동물들이 먹잇감을 사냥할 때에는, (한 호흡 쉬고)
신호를 알리고 접근하지 않는다.
사자가 벌판에서 풀을 먹고 있는 사슴을 사냥할 때에도, (한 호흡 쉬고)
발소리를 죽이고 수풀 속에 숨어 기회를 노린다.
사람도 말이 서투르고 더듬는 사람이 있는데 이들의 특징은, (한 호흡 쉬고)
심리적으로 불안한 마음을 갖고 있다는 것이다.

경매를 공부하기도 전에 사람들이 가장 고민하는 부분 중 하나가 바로 '명도'이다. '명도'란 내가 낙찰받은 집에 현재 거주하고 있는 사람을 내보내는 절차를 말한다.

명도는 내 입으로 말을 하는 과정이고 내 말을 통해 상대방의 마음을 움직이게 하는 것이다. 말하기가 두려운 사람들은 명도에서 '딱' 걸린다. 초조해지면 상대방에게 자신의 허점을 드러내기 마련인데 이 두려움 때문에 경매 투자를 망설이는 사람이 많은 것이다. 이런 망설임을 제거하려면 말하기에 대한 두려움을 극복하면 된다. 근본적으로 어떻게든 빨리 내보내야 한다는 심리적인 스트레스에서 해방되어야 한다. 상대방에게 시간적인 여유를 준다고 생각하고 대화를 이끌어가야 스트레스가 없고 말의 흐름도 끊기지 않는다. 어떤 사람은 소송을 잘 해야 한다고 말하기도 하지만 사실 소송은 협상이 잘 안 될 것을 염두에 두고 진행하는 것이기 때문에 시간적인 낭비가 많다. 애초에 실타래를 풀어주는 첫 멘트를 잘 사용하면 서로에게 득이 되는 방향으로 마무리할 수 있다.

올해 9월, 서산에 있는 소형 아파트 한 채를 낙찰받은 박영선 씨는 셋째 아이 출산을 앞둔 주부였다. 남편이 하려던 것을 시간이 없어 아내에게 맡긴 것이었는데 그렇다 보니 그녀는 경매에 별 애정이 없어 보였다. 그래서 나도 그녀에게 어떤 결과를 기대하지 않았던 것이 사실이다. 그런데 단 한 가지 그녀의 장점이 있었는데 바로 특유의 해맑은 성격이었다. 언제나 웃는 얼굴이었고, 여유 있는 말투가 강점이었다. 나는 이 강점을 최대한 활용하기로 하고 입찰에 들어가도록 권유했다.

나는 경매를 가르칠 때 지식보다 각 개인의 강점을 찾아내 기술과 접목시킨다. 강제적으로 나의 노하우를 주입하지 않고 개성대로 유리한 강점을 이끌어내어 입찰 과정에 집중하게 만든다. 바로 이 점이 빠르게 성과를 낼 수 있었던 비결이다. 이렇게 영선 씨는 실전 교육을 통해 자신감을 키웠는데, 과정 1주차만에 낙찰에 성공했고 곧바로 명도에 착수했다. 실제 거주하는 사람과 문자 메시지 연락이 닿아 정해진 시간에 통화를 하기로 약속했다. 그런데 상대방은 통화에서 대뜸 집 열쇠는 자신이 가지고 있으니 매각 허가 결정이 나면 다시 이야기하자고만 하고 전화를 끊었다. 이사비를 과도하게 달라는 요구도 하지 않았고 결정만 되면 열쇠를 넘겨 줄 것처럼 보였기 때문에 아무 문제없이 명도를 마치는 것처럼 보였다. 그리고 매각 허가 결정이 떨어졌고 영선 씨는 거주자에게 집 열쇠를 넘겨줄 것을 요청했다. 그러자 그는 마치 기다렸다는 문자 메시지로 이사 비용 200만 원을 요구했다.

나는 이 이야기를 듣자마자 주변에서 누군가가 어설프게 조언해 주고 있다는 생각이 들었다. 즉시 해당 건물의 관리소장에게 연락을 했고, 전 소유자의 내부 사정을 파악함과 동시에 이미 그 집에서 이삿짐이 옮겨져 아무도 살고 있는 사람이 없다는 것을 알았다. 중요한 것은 이를 대놓고 아는 척하지 않는 것이 포인트다. 모르는 상태를 가정하고 대화를 하면 상대가 자기 속임수에 넘어가기 때문이다. 다시 영선 씨를 통해 연락을 시도했다. 짐을 뺀 후 사진을 찍어 보내주면 100만 원까지 줄 수 있다는 입장을 전달했다. 전 소유자는 급하게 잔여 짐을 깨끗이 치우고 사진을 찍어 보내 왔다. 결과적으로 낙찰 후 명도는 한 달 이내에 마무리 되었고, 이사 비용 역시 낙찰가에 반영한 금액 그대로 실행하게 되었다.

시련이 클수록 그 산을 넘기만 하면 큰 성공이 기다리고 있다는 사실을 아는가. 어려워 보일수록 단순한 방법이 해결책이 될 수 있다. 낙찰 때마다 다양한 상황에 부딪히게 되는데 사람의 심리를 알고 대화하는 것이 가장 좋은 방법이다. 물론 통하지 않는 사람도 더러는 있기 마련인데 무리한 이사 비용을 요구하거나 막무가내 식으로 나오는 사람에게는 선의를 베풀 이유가 없다.

어떤 사람들은 집이 경매로 넘어가 어려운 처지에 있는 사람을 내보내는 일은 할 일이 못된다고 말한다. 하지만 내가 아닌 누군가는 그 채무자가 진 빚을 갚아 주어야 끝이 난다. 이는 국가가 주관하는 정당하고 합법적인 채무변제 절차 중 하나인 것이다. 이를 인정하고 받아들이지 않으면 결코 경매 시장에 들어와서는 안 될 것이다.

다시 본론으로 돌아가면 만일 막무가내로 행동하거나 무리

한 돈을 요구하는 상대를 만나게 되면 처음부터 상대하지 않는 편이 좋다. 작정하고 돈을 받아낼 요량으로 그러는 것이니 말에 자신이 없다면 그저 대화를 중단하는 것이 최선이다.

명도는 대화로 풀어내는 것이 최상이지만 그렇지 못할 경우도 존재한다. 사자들은 먹잇감을 사냥할 때 들키지 않으려고 몰래 접근한다. 마찬가지로 명도 대상자와 대화를 할 때에는 협상의 여지를 주면서 강제집행에 대한 준비를 염두에 두어야 한다. 국가가 진행해 주는 집행 제도를 믿으면 명도에 대한 두려움을 제거할 수 있다. 내색하지 않고 있다 들이닥치는 것이 가장 빠르고 효과적이다. 이는 낙찰받은 집에 점유자가 없거나 나타나지 않을 때, 혹은 의도적으로 만나주지 않을 때 더욱 효과를 발휘한다. 법원에 따라 절차가 다소 다르지만 집행을 하기 전 계고를 나가 현관문을 강제로 뜯는 절차가 있다. 이를 개문이라고 하는데 집행관이 들어가 경고문을 붙여 놓고 나온다. 외출을 했다 들어온 점유자는 당황할 수밖에 없고 한 달 동안 연락도 없던 점유자에게 연락이 온다. 그때 대화를 진행하고 협상을 하면 된다.

명도에서 너무나 많은 상황들이 존재하지만 원리는 결국 하나다. 낙찰자는 명도 대상자를 내보내면 되고 명도 대상자는 나가기만 하면 된다. 풀어서 설명하자면 낙찰자는 조급하게 생각하지 말고 명도 대상자에게 이사 갈 시간을 충분히 주고 대화를 해야 한다. 결국 마음 싸움이니 느긋한 대화를 이끌어야 말이 매끄럽게 나올 수 있다. 반면 명도 대상자는 날짜를 더 받는 것도 중요할 수도 있지만 돈을 필요로 할 때가 더 많다. 모든 사람이 그런 것은 아니지만 돈만 빨리 주면 나갈 준비가 되어 있는 명도 대상자도 있는 것이다.

또 애초에 마음을 먹고 있다 이사비를 많이 요구해 보고 안되면 주는데까지 받고 나가자는 마음의 소유자도 있다. 여기서 공통적인 것은 바로 '돈'이다. 돈으로 해결되는 것들인 것이다. 밀고 당기는 과정에서 돈과 기간을 조율하며 협상하는 것이 현명하다. 돈을 얼마를 주고받을 것인지는 정해져 있지 않다. 그래서 낙찰자는 적은 금액으로 협상을 시도하는 것이 무리한 이사 비용에 대한 부담을 줄일 수 있는 일일 것이다.

서울 봉천동에 있는 빌라 한 채를 낙찰받고 임차인을 명도하는 과정에서 생긴 일이다. 거주하고 있던 임차인은 내가 가르치는 수강생을 기다리고 있었다. 임차인은 보증금의 대부분을 배당받게 되어 있었고 미리 이사 갈 곳을 계약해 두었다. 낙찰자의 명도 확인서와 인감증명서를 건네주고 열쇠를 건네받는 것으로 약속하고 날짜를 기다렸다. 결국 이사 비용을 주지 않고서 낙찰 후 한 달 반 만에 명도가 마무리되었다. 경매 초보자는 항상 명도가 잘될지에 대해 걱정한다. 시작해 보지 않은 과정을 미리 걱정하며 겁을 먹으면 실전에서 당황하게 된다. 그러니 명도에 대한 걱정 자체를 없애고 국가가 책임지고 진행해 주는 제도임을 스스로 환기시키는 것이 좋다. 내 뒤에는 국가가 버티고 있다. '안 나가면 집행이다' 하는 생각으로 대화에 임하면 되는 것이다. 이사를 나가는 시간이 오래 걸린다고 해서 초조해 하거나 불안한 말투를 내뱉으면 상대는 바로 알아차린다. '당신이 어떻게 나오든 그 집은 내가 주인이고 당신은 나가야 한다'라는 생각으로 대화를 이끌어야 성공적인 투자가 될 것이다.

빠르고 정확한
권리분석 기술 익히기

대부분의 사람들이 '부동산 경매'라고 하면 떠오르는 단어가 '법'이다. 경매를 알고 있는 사람들 역시 경매는 곧 권리분석이라고 말한다. 그런데 내가 생각할 때 경매에 쉽게 접근하기 위해서는 오히려 법을 모르는 편이 이득이다.

경매 투자에서는 두 부류의 사람이 있다. 법을 몰라서 용기 있는 사람과 법을 몰라서 두려워하는 사람으로 나뉜다. 권리분석은 배우면 배울수록 공포심이 커진다. 그래서 사람들은 어려운 지식을 하나라도 더 공부하려고 시간을 투자한다. 내 저서가 당신이 읽는 첫 경매 책이라면 법에 대한 걱정은 내려놓으라고 말하고 싶다. 여러 권의 책을 섭렵하는 것이 좋지 않으냐는 질문도 많이 받지만 역시 그럴 필요가 전혀 없다고 말하고 싶다.

법을 평소에 접할 기회가 없는 일반인들은 법만 생각하면 오히려 머리가 아파온다. 대법원 판례를 읽으려고 하면 그조차도 일반인이 듣고 쉽게 이해할 수 있는 문맥이 아니다. 몇 번을 정독해서 읽지 않으면 해석조차 되지 안 되는 판례들로 넘쳐나기 때문이다.

경매에서 자주 등장하는 단어가 바로 '권리'다. 권리의 사전적 의미를 살펴보면 특별한 이익을 누릴 수 있는 법률상의 힘이라고 표현되어 있다. 법률이 일반인이나 특정인에게 어떠한 행위를 명함으로써 다른 사람이 얻게 되는 이익을 말한다. 쉽게 말해 권한은 소송을 통한 구제가 되지 않고 권리는 소송을 통한 구제가 된다는 점에서 그 차이가 있다. 벌써부터 머리가 아파오는가. 이같이 아직 본론에도 들어가지 않았는데 딱딱한 용어와 설명이 부동산 투자에 대한 흥미를 잃게 만들었을 것이다.

국가는 돈을 빌려준 사람과 빌린 사람의 관계를 청산해 주는 역할을 도맡아 해준다. 나서서 빚을 정리해 주는 일에 군이 절차를 어렵게 만들 필요가 없는 것이다. 상품을 팔면서 소비자에게 어려운 법을 해결하게 하고 나 몰라라 한다면 신뢰 없는 국가일 것이다.

국가가 돈을 받고 중개하기 때문에 책임 판매를 한다. 상품과 관련된 정보들을 파악해서 서류를 볼 수 있게 하고 정보가 부족하면 부족하다고 주의를 준다. 주의를 기울이기만 하면 손해 볼 일이 없는 셈이다. 그런데 대부분의 손실은 실수에서 비롯된다. 실제 법원을 가보면 사소한 실수로 보증금을 잃는 사람들이 있다. 그리고 어떤 사람은 명도를 두려워한다. '안 나가면 어떻게 하지?'라는 생각을 하는데 사실 나가지 않는다고 수가 있는 것도 아니다. 앞서 언급한 것처럼 국가가 파는 상품을 구매한 소비자는 상품의 주인이다. 내 마음대로 상품을 사용할 수 있는 권한을 부여받은 것이다. 그런데 그 상품을 먼저 사용하고 있는 사람이 있다면 국가가 모른 척 할 수 없다. 왜냐하면 그 물건을 산 사람이 자기 마음대로 사용할 수 없다면 국가에 환불 요청을 하기 때문이다. 국가는 제품에 하자가 있을 때 환불해 준다.

경매에서 권리관계는 어떻게 파악해야 할까? 권리를 외우는 사람이 있는데 원리를 이해하면 외워야 할 내용이 거의 없다. 누구에게 권리가 있고 그 권리가 주어진 순서는 어떻게 되는지 순서대로 파악하면 된다.

권리관계는 국가가 부득이 모든 권리자에게 돈을 나눠줄 수 없기 때문에 몇 가지의 기준을 만들어 놓고 출발한다. 갚아줄 돈이 넘치면 기준이 필요 없지만 돈은 부족하고 받아갈 사람이 많으면 국가도 난처해진다. 이런 이유로 국가는 가장 먼저 경매 수수료를 취하고 나머지 돈을 나누어 줄 때 권리 기준이 빠른 순서대로 나누어 준다는 원칙을 세웠다. 그래야 돈을 다 변제받지 못한 권리자도 불평할 수 없기 때문이다. 권리관계에서 이런 몇 가지 기준과 순서는 입찰의 안전 유무를 결정한다. 이런 기준과 순서를 토대로 구매자가 부동산을 분석하는 데 이는 수익률의 문제와도 직결되니 잘 살펴보아야 한다. 투자하기에 앞서 금전적인 손해가 있는지 충분히 고려하고 입찰을 결정하는 것이 중요하다.

돈은 천천히 버는 것이 좋은가 아니면 빨리 버는 것이 좋은가. 만약 지금 당장 물을 채워야 하는데 밑 빠진 항아리를 만났다면 어떻게 물을 채울 수 있을까? 바로 물이 새어 나가기도 전에 한꺼번에 물을 붓는 방법 밖에 없을 것이다.

경매 투자의 핵심은 돈을 버는 속도다. 속도를 빠르게 하기 위해서는 시간을 단축시켜야 하는데 시간을 낭비하는 행동은 과감히 없애고 최소한의 시간만으로 속도를 높일 수 있어야 한다. 어떤 일을 짧은 시간에 하려면 일정 시간 몰입하는 것이 중요하다. 경매 투자에서 권리관계는 짧은 시간 안에 분석해야 한다. 짧은 시간에 분석하려면 집중해서 포인트를 빨리 짚어내야 하는데 빨리 짚어내려면 일련의 훈련이 필요하다. 단계별로 파악하는 연습을 반복하면 속도는 자연스럽게 빨라진다.

권리분석에서 이해해야 할 뼈대는 크게 두 가지다.

첫째, 내가 물어줄 돈이 있느냐 없느냐이다.

낙찰 금액으로 누가 돈을 받아가고 못 받아가는 것은 그 다음 문제다. 내가 물어줄 돈이 있다면 그만큼의 금액을 고려한 낙찰가를 써야 하니 그것을 가장 먼저 파악해야 한다.

둘째, 내가 낙찰을 받았을 때 소유권을 가져올 수 있는지에 대한 문제다.

낙찰을 받은 후 소유권을 행사할 수 없다면 금전 손실은 물론 아무 소용도 없는 일이다. 권리분석은 이 두 가지를 상기시키고 단계별로 파악하면 어렵지 않다.

단계별 권리분석 파악 요령

1. 말소기준등기는 어떤 것인가?

2. 인수되는 돈이나 권리가 있는가?

3. 외형상 후순위지만 말소되지 않는 등기가 있는가?

'말소'된다는 뜻은 없어진다는 뜻이다. 등기는 해당 부동산 관련 서류에 법적인 등록을 한다는 의미로 없어져야 하는 것이

등기되어 있는지 여부를 따져보는 것이 말소기준등기다. 그렇다면 무엇을 없어지게 하는 것일까?

국가가 부동산을 팔 때 해당 부동산에 빚이 있다면 소비자가 구매할 수 없을 것이다. 빚이 잔뜩 쌓여 있는데 내 돈을 들여서 빚까지 구입할 사람이 어디에 있겠냐는 말이다. 국가는 이 빚을 없애주기 위해 일정 기준을 마련했는데 그 없애 주는 기준을 말소기준이라고 부르는 것이다. 예를 들어 나눠줄 수 있는 돈은 3억인데 빌려 쓴 돈이 5억이라면 국가 입장에서 세금으로 2억을 마련해 나눠줄 수 없는 노릇이다. 말소기준은 바로 이 부분을 해소하려고 만든 것인데 낙찰 금액 한도 내에서 돈을 나눠주고 나머지 빚과 권리들은 모두 없애주는 것이다. 권리관계를 살필 때 가장 먼저 말소기준등기를 찾는 일부터 시작하면 된다.

첫째, 말소기준등기 파악하는 법

말소기준등기는 6가지가 있다. 저당, 근저당, 경매개시결정등기, 압류, 가압류, 담보가등기이다. 저당, 근저당, 경매개시결정등기를 임의 경매라고 하고, 압류, 가압류, 담보가등기를 강제 경매라고 한다. 이는 국가가 말소를 시키기 위해 정해 놓은 기준등기들이다. 언급한 6가지 중 어느 한 가지라도 기재되어 있는지 살펴봐야 한다. 이때 2가지 이상의 말소기준등기가 기재되어 있다면 가장 최근의 날짜가 기재된 권리가 말소기준등기가 되는 것이다.

2003년 소유권 이전

<u>2010년 근저당</u>

2012년 압류

2015년 경매 개시 결정

둘째, 인수되는 돈이나 권리가 있는지 파악하는 법

경매로 매각되어 말소기준등기보다 늦은 날짜에 등기된 권리들은 이 말소기준등기와 함께 모두 없어진다. 반대로 말소기준등기보다 빠른 날짜에 등기된 권리(임차권, 지상권, 지역권, 전세권, 환매권, 가처분, 소유권이전가등기)가 있다면 없어지지 않고 서류에 남아 있게 된다. 이는 낙찰자가 소유권을 이전 받은 후에도 위험한 권리가 살아 있으니 주의해야 한다.

2003년 소유권 이전

2005년 가처분

<u>2010년 근저당</u>

2012년 압류

2015년 경매 개시 결정

채무자와 소유자가 같을 경우에는 낙찰자가 인수해야 할 돈은 없다. 소유자 자신의 빚을 탕감하기 위해 집이 경매로 나오는 것이니 낙찰자 입장에서는 안전한 물건이다. 하지만 임차인이 거주하는 집이라면 주의 깊게 살펴봐야 한다. 임차인은 채권자(돈을 빌려준 사람)와 채무자(돈을 빌린 사람) 이외의 제3자 입장이다. 국가는 이런 임차인을 사회적 약자로 분류하는데 즉 보호해야 하는 대상으로 여기는 것이다. 그래서 임차인의 보증금과 월세를 보호하는 기준을 만들었다. 말소기준권리보다 빠른 날짜에 전입한 임차인은 보증금을 보호해 준다. 이때 낙찰자는 인수해야 할 돈이 발생할 수 있다. 전입 날짜가 말소기준등기보다 빠르면 대항력이 있다고 표현한다. 임차인이 대항력과 확정일자(배당과 관련)까지 갖추면 보증금 전액을 배당받지 못했더라도 그 나머지를 낙찰자에게 요구할 수 있게 된다.

셋째, 외형상 후순위지만 소멸되지 않는 등기는 없는지 파악하는 법

처분 금지 가처분 등기

임차권등기

세대 합가

소유권 이전 청구권 가등기

권리분석은 원리를 이해하고 빠르게 파악하는 것이 효율적이다. 경매 공부를 처음 시작하는 사람들의 특징은 수익률을 확인하는 데 시간을 쏟지 않고 권리를 파헤치는 데 골몰한다는 것이다. 내가 낙찰을 받는 데 영향을 끼치지 않는 권리까지 공부하느라 시간을 보내니 경매가 어렵고 결국 돈도 벌지 못하는 것이다. 경매 투자를 왜 하는지에 대해 먼저 생각해 보고 공부를 시작해야 시간을 벌 수 있다.

제대로 배운 기본기는
실전에서 강하다

점심시간만 되면 길거리는 점심을 먹기 위해 쏟아져 나오는 직장인들로 붐빈다. 맛집 앞에는 버스를 기다리는 승객들처럼 길게 줄을 서 있기도 하다. 나는 차가 막히는 것도 싫어 하지만 아무리 맛집이라고 해도 줄을 서서 먹지는 않는다. 투자할 때와는 달리 먹기 위해 기다리는 것은 거의 없는 셈이다.

나는 주로 손님이 없는 한산한 곳을 찾아 가거나 간단히 먹을 수 있는 패스트푸드를 자주 이용한다. 햄버거 가게만 하더라도 굳이 유명 요리사가 만들지 않더라도 아르바이트생도 언제든 쉽고 간단하게 만들 수 있는 것이 특징이다. 패스트푸드야말로 기다리는 시간을 줄이고 최대한 신속하게 똑같은 맛을 내는 레시피 덕분에 인기가 많다. 그만큼 사업의 성장 속도도 빠르다. 이처럼 사업의 핵심은 바로 시간에 있다. 만들기 쉬워야 빨리 만들고 빨리 만들어야 시간이 단축되는 것이다. 시간이 단축되면 그만큼 돈을 버는 속도가 빨라진다.

경매 투자 또한 마찬가지다. 경매 투자를 진행하기 위한 용어들이나 법과 관련한 지식들이 상당하지만, 낙찰을 받는 데 필요한 지식은 매우 한정적이다. 배가 아파 병원을 가더라도 굳이 의학 용어까지 알 필요는 없다는 뜻이다. 아픈 원인만 찾아내고 의사의 처방을 받는 방법만 알면 된다.

일을 쉽게 반복적으로 처리해야 하는 작업에는 항상 매뉴얼이 존재한다. 매뉴얼의 특징은 단순함에 있다. 한국의 수묵화에서도 여백의 미를 강조하는 것은 단순함 때문이다. 여백이 많다는 것은 그만큼 제공되는 정보가 최소화되어 상대적으로 관심도는 높아짐을 의미한다. 과정을 단순화시키려면 어떻게 해야 할까? 바로 시간을 단축시킬 방법을 강구하면 된다. 시간을 단축시키기 위해서는 불필요한 지식이나 세세히 알아야 하는 단계까지 통째로 제거해야 한다. KTX가 시간을 단축시키기 위해 모든 역을 정차하지는 않는 것과 같은 이치인 것이다.

한 번은 독자에게 상담 전화가 걸려왔다. 경매에 관심이 생겨

내가 운영하는 카페에 가입했다는 것이다. 이 고객 역시 경매 공부를 어디서부터 어떻게 시작해야 할지 모르겠다는 것이었다. 역시 경매 관련 책을 수십 권 읽는 사람도 어려워하기는 마찬가지였다. 오히려 너무 많이 읽어서 더 혼란스럽고 더 어렵게 느껴진다고 호소했다. 그러나 그 해결 방법은 너무나 간단하다. 돈과 관련 없는 지식은 모두 버리고 단순하게 접근하는 것이다. 낙찰을 받기 위해 필요한 과정만 단계별로 밟는다면 경매 투자야말로 은행의 적금 상품처럼 느껴질 것이다.

"설명서를 보고 만들어야지!"

"아니오. 그냥 할 수 있어요."

"이것 봐, 여기 하나 빠뜨렸잖아."

나는 초등학교 2학년 때부터 프라모델 만들기 선수였다. 당시에는 과자 봉지 안에 들어 있는 작은 조립식 모델부터 몇 천원짜리 로봇이나 탱크까지 잘 만들었다. 돈이 생기는 대로 프라모델을 사서 조립을 했는데 그때도 대부분 설명서를 보지 않고 조립했다. 차근차근 누군가의 매뉴얼을 따라하는 것이 귀찮으면서 싫기도 했다. 표지에 나온 전체 완성도를 보고 팔이나 다리, 몸통을 닥치는 대로 조립해 모델을 완성했다. 오히려 설명서를 보는 것보다 완성될 모습을 미리 상상하고 만드는 것이 더 빠르고 쉬었다. 이런 습관은 어른이 되어서도 지속되었는데 비슷한 맥락으로 책을 읽을 때에도 차례대로 읽지 않고 읽고 싶은 목차를 가려 읽는 편이다. 방법론에 관한 책을 읽을 때면 결론에 나온 성과를 먼저 살핀 다음 직접적인 해결 방법에 대해 쓴 장을 습득한다. 마지막 그림을 떠올리고 그 완성된 그림의 퍼즐을 맞추듯 책을 읽는 것이다. 그 다음에 시간적 여유가 있을 때 앞부분을 챙겨 읽거나 아예 읽지 않을 때도 있다.

세 살 버릇 여든까지 간다고 말했던가. 경매 투자를 하면서도 똑같은 패턴을 보였다. 입찰하고 싶은 물건을 발견하면 이미 낙찰을 받고 수리 후 임대 계약을 마치는 그림을 그리며 조사에 들어갔다. 그리고 월세가 매달 내 통장에 들어오는 상상을 하며 기분 좋게 일을 했다. 이런 생각들을 통해 부동산이 이미 내 것이라는 확신을 가질 수 있게 되어 과정 중에 겪는 시행착오는 걸림돌이 될 수 없었다.

보통 중간에 과정이 힘들고 어려울 때 사람들은 포기하기도 하지만 나는 내가 기대하는 성과를 낼 수 있다는 생각으로 일을 완성시킨다. 이 과정을 퇴직을 앞둔 은행 지점장이나 전직 대기업 임원들을 대상으로 적용해 교육해 보니 시간이 단축되면서 결과도 빨리 나왔다. 나의 노하우 덕분에 맛있는 요리에는 특별한 레시피가 있는 것처럼 어떤 물건이든 누구나 어렵지 않게 투자가 가능한 실전 매뉴얼이 탄생했다.

'법' 하면 머리부터 아픈 초보자들도 쉽게 터득하고 이해할 수 있도록 다음과 같이 간결하게 다듬었다.

배운 즉시 낙찰받는 경매 투자 매뉴얼

1. 매매가 대비 월세 수준이 좋은 물건을 고른다.

2. 인수되는 돈이나 권리가 없는 물건인지 확인한다.

3. 물건별 시세 조사를 통해 수익률을 비교한다.

4. 가성비가 가장 좋은 물건을 고른다.

5. 현장답사를 통해 체감 시세와 주변 환경을 파악한다.

6. 버릴지 취할지 최종 판단한 다음 입찰한다.

"얼마를 써 넬까요?"

"조사해서 수익률을 계산해 봐야죠."

"매각가율이 78%인데 이것보다는 살짝 높여서 80% 정도 쓰면 될까요?"

"아니오. 우선 조사해 보세요."

초보자가 매번 묻는 질문의 유형이다. 어떻게 손실 없이 항상 이기는 투자를 지속할 수 있을까? 매뉴얼 투자는 감정적 오류를 최소한으로 줄여주고 이성적인 판단을 유도한다. 누군가는 리스크를 감수해야 큰돈을 번다고 하지만 적어도 나는 그런 리스크는 굳이 감수할 필요가 없다고 말한다. 경매 시장에서 첫 발을 내딛는 사람이라면 리스크를 제로로 만드는 전략으로 돈 버는 속도를 높여야 한다. 가뜩이나 없는 돈을 불리려면 버는 돈의 양을 빠르게 늘려야 하지 않겠는가. 일단 싸움을 하기로 했으면 이겨야 한다.

경매 시장에서 이기는 방법은 간단하다. 사전에 리스크를 빨리 파악하고 돈이 되지 않는 물건은 지체 없이 버리는 것이다. 단지 저렴하다는 이유만으로 입찰하는 것은 절대 금물이다. 이런 기준을 세우면 시간을 아끼고 금전적인 손실의 여지를 완전히 제거할 수 있다. 중요한 것은 너무 많은 것을 계산하고 신중한 태도를 취하면 아무것도 얻을 수 없을 때가 많다. 신중하게 생각하되 판단이 서면 빠르게 움직여야 한다. 그래야 남보다 빨리 돈을 벌 수 있다는 사실을 알아야 한다.

경매 투자의 기본 매뉴얼을 익히기 위한 두 가지 원칙

1. 기본 원리만 명확히 이해하고 절대 외우지 않는다.

2. 실전과 관련 없는 지식은 통째로 없앤다.

어떤 투자든 기본을 익히는 것은 상식이다. 경매 투자는 내가 직접 조사하고 분석하는 노력을 통해 수익이 창출된다. 좋은 물건을 고르기 전에 부동산 보는 눈을 키워야 하고 시세를 조사하기 위해 질문의 포인트를 잘 짚어야 한다. 또한 조사한 정보가 진짜인지 허위인지를 가려내는 분별력도 있어야 한다. 단순히 통계치를 보고 낙찰가를 결정하는 투자 패턴은 금전적 손실로 이어질 가능성이 크기 때문이다.

내가 아는 지인은 직장에서 받는 월급으로 자신이 먹고 누리는 것에 아낌없이 지출한다. 이런 지출 습관은 투자 성향에서도 그대로 반영이 되어 기술이나 지식을 익히는 데 시간을 쓰기보다는 투자를 목적으로 부동산 투자에 임했다. 이 역시 투자를 성공적으로 마치는 지름길이 되었다.

지식은 풍부하더라도 투자 습관이 제대로 잡혀 있지 않으면 깨진 독에 물을 붓듯 돈은 모이지 않는다. 바로 투자는 하는데 돈을 벌지 못하는 가장 큰 원인 중 하나인 셈이다. 초보자가 경매 투자에서 항상 이기는 유일한 방법은 기본을 충분히 습득하고 쉽고 간결한 매뉴얼을 반복적으로 익히는 것이다. 투자에는 자신만의 매뉴얼이 필요하다. 그래야 흔들림 없이 매번 이성적인 판단으로 이기는 투자를 할 수 있다.

돈 되는 물건은
따로 있다

하자 없는 집
고르는 노하우

무엇을 하든 주의 깊게 하라, 그리고 목표를 바라보라.
_ 작자 미상

'하자'가 없어야 한다는 뜻은 물건 자체에 이상이 없어야 한다는 뜻이 아니라 낙찰을 받고 이후 생각하지 못했던 돈이 들어갈 일이 없어야 한다는 말이다. 경매에서 '하자'의 개념은 크게 두 가지로 물리적인 손실과 법리적인 손실로 나뉜다.

물리적인 손실은 연식이 오래되어 누수나 설비 하자 등을 비롯한 기능적인 부분에서 발생되는 금전적 지출을 뜻한다. 연식이 오래되었다고 해서 꼭 하자가 있는 것은 아니다. 해당 건물을 관리하는 책임자가 별도로 있는지 혹은 소유주들이 돌아가면서 담당하고 있는지 확인하면 된다. 직접 해당 건물의 다른 층에 거주하는 주민을 만나 확인하면 비교적 수월하게 판단할 수 있다. 법리적인 손실은 말 그대로 권리상의 하자를 뜻한다. 임차인에게 돈을 물어 주거나 낙찰받은 이후 소유권을 박탈당하는 경우가 이에 해당한다. 시간을 들여 물건을 조사하고 낙찰을 받았더라도 권리상 하자를 발견하지 못한다면 곧바로 손실로 이어지게 된다. 가장 판단하기 용이하고 안전한 권리는 소유자겸 채무자일 경우다. 임차인이 존재하는 경우 대항력이 없다면 안전하다. 대항력이 있는 임차인이라도 배당을 모두 받아간다면 이 또한 권리상의 하자가 없다고 판단하면 된다.

하자 없는 집 고르는 2가지 노하우에 대해 정리하면 다음과 같다.

첫째, 법리적인 손실을 고려한다.

강남에서 직장을 다니는 29세 이승진 씨는 전북에 있는 아파트 한 채를 눈여겨보고 있었다. 세대수가 많지 않은 아파트로 투자되는 돈이 1,000만 원 안팎이라 조사에 착수했다. 곧 채무자가 소유자인 관계로 권리상 하자는 없을 것으로 생각되었다. 그러나 등기부 등본을 살펴보니 수년 전 기록에 가등기 하나가 눈에 들어왔는데 채무자와 어떤 관계인지 알 수 없는 사람의 이름이 적혀 있었다. 해당 연도를 보니 10년 이상 지난 가등기였고 해당 물건을 낙찰받아 소유권을 이전받는데 영향을 미치지 않는다는 것을 확인했다. 초보자일 경우 이렇게 눈에 잘 들어오지 않는 권리를 놓칠 수 있는데 날짜를 비교하며 선후순위를 차근차근 잘 따져보면 실수가 없다. 또한 근저당보다 빠른 날짜에 말소기준권리 외의 권리가 존재하는지 확인하면 될 것이다.

권리 관계가 깨끗하더라도 이사비를 주는 경우가 있다. 강제 집행까지 가는 번거로움보다는 이사비를 주고 조용히 협의를 끝내는 것이 시간적, 비용 측면에서 용이하기 때문이다. 간혹 이를 악용하는 임차인이나 소유자가 있는데 고의적인 태도를 보일 때에는 나 역시 협상의 여지를 두지 않는 편이다. 절차대로 강제 집행을 진행시킨다. 권리상 선순위에 해당하는 임차인이 있다면 물어주어야 할 돈을 빼고 낙찰가를 산정하는 것은 기본이다. 이를 살피지 않고 높은 금액으로 입찰했다가 보증금을 포기하는 사례도 발생한다.

어렵고 난해한 권리보다는 이렇게 놓치기 쉬운 부분을 주의하지 않았을 때 손해를 보게 된다. 보증금을 모두 잃고 이사를 가야 하는 임차인이라면 평수 대비 이사 견적을 확인하고 낙찰가에 반영해야 한다. 경매투자는 투자하기 전에 모든 리스크를 파악할 수 있다. 손실을 모르고 투자했다는 것은 잘 배우지 않았거나 실수를 저질렀을 가능성이 큰 것이다.

둘째, 물리적인 손실을 생각한다.

물리적인 손실이란 건물 외부와 내부에 발생된 하자를 뜻한다. 건물 외부는 크게 외벽에 금이 가 있거나 옥상 방수층이 오래되어 물이 새는 것 등이 있다. 외벽에 금이 간 정도가 심할 경우 내부로 스며들어 방 천장을 타고 벽으로 흘러 내려오는 경우도 있다. 옥상의 경우 연식이 오래될수록 관리가 허술했다면 바짝 마른 상태로 갈라져 있는 것을 볼 수 있다.

이런 경우 바로 꼭대기 층에 위치한 집의 방 천장에서 새는 경우도 있다. 문제는 낙찰을 받고 명도가 완료되기 전까지 경매물건의 내부를 볼 수 없다는 데 있다. 하자가 있더라도 감수할 수밖에 없는 것이다. 이럴 경우에는 해당 건물을 관리하는 사람을 만나 보는 것이 가장 좋다. 언제 방수를 한 적이 있고 지금은 어떤 상태인지 자세히 들을 수 있기 때문이다. 반대로 아무도 신경 쓰지 않아 관리 상태가 엉망인 집도 존재한다. 연식이 1990년 대 후반이고 관리하는 사람도 없다면 투자하지 않는 것이 현명하다.

외부를 보는 것만으로 내부 상태를 추측할 수 있는 방법이 하나 있는데 바로 창틀의 상태이다. 다른 층과 비교해 해당 경매 물건의 창틀 색상이나 재질이 다르다면 내부 수리도 진행했을 가능성이 크다고 판단하면 된다. 특히 현관문 옆 인터폰까지 새것으로 교체되어 있다면 조심스럽게 리모델링이 어느 정도 되어 있다고 생각할 수 있다. 이는 오히려 손실보다 이득을 취할 수 있는 부분이고 수리비가 훨씬 적게 들어가기 때문에 시간적으로도 절약되는 효과가 있다.

이처럼 경매 투자의 경우 외부는 현장답사나 관리인과의 미팅으로 어느 정도 하자상태를 가늠할 수 있고 내부도 어느 정도 추측이 가능하다. 하지만 창틀도 낡았고, 내부를 전혀 볼 수 없다면 초보자로서는 불안한 일일 것이다. 이럴 때에는 아래층이나 위층, 앞집에 들러 내부를 살피는 것이 가장 좋다. 부동산 업소를 통해 운 좋게 해당 경매 물건이 속한 층이나 다른 호수에 방문한다면 다행이지만 그렇지 않은 경우가 더 많다는 것을 알아야 한다. 그러나 사람에 따라 다르지만 조심스럽고 밝은 표정으로 문을 두드려 보면 응해주는 사람도 있으니 시도해 보기 바란다. 그렇다고 연식만 보고 하자를 추측할 필요는 없다. 관리가 얼마나 잘되고 있느냐에 따라 연식이 무색할 정도로 깔끔한 상태를 유지하고 있는 건물도 많기 때문이다.

지하층의 경우 창문의 높이가 어느 정도 노출되어 있는지 확인하는 것이 우선이다. 대지에 많이 묻혀 있을수록 그만큼 건물의 벽면에 곰팡이가 생겼을 확률이 상당히 크기 때문이다. 공부상 지하라도 지상으로 상당 부분이 노출된 건물이 추가적으로 손실을 줄일 수 있다.

부산의 이용태 씨는 교육을 받기 전 부천에 있는 낡은 빌라의 지하층 하나를 낙찰받았다. 올 수리를 했는데도 곰팡이가 생기고 냄새가 난다는 말에 내가 현장을 방문했다. 창문으로 빛이 들어오는 부분이 하나였고 온통 사방이 막혀 현관문을 여는 순간 곰팡이 냄새가 진동했다. 결국 인테리어를 마무리했지만 추가로 300만 원을 들여 곰팡이와 결로가 발생하지 않도록 벽체 공사를 다시 했다. 지하층의 경우 창문이 어느 높이까지 드러나 있는지, 햇빛은 어느 정도 들어오는지, 누수는 없는지 등 사전에 꼼꼼히 체크하는 습관을 들여야 한다.

40대 직장인 최현선 씨는 과정을 수료하고 한 달이 조금 넘는 시점에 의정부에 있는 물건 하나를 낙찰받았다[사진 1]. 연

[사진 1]

식은 2008년이고 3층에 위치한 전용 13평의 빌라이다. 한 물건에 집중하고 기다려 왔던 터라 첫 투자인데도 단 한 번에 낙찰에 성공했다.

외벽은 붉은 벽돌로 되어 있었고 검정 창틀이 인상적인 건물이었다. 10년 정도가 된 빌라이지만 관리도 깨끗하게 되고 있어서 특별한 하자는 발견되지 않았다. 연식이 오래된 건물이라면 거주민을 상대로 속사정을 탐문하는 것도 좋은 방법 중에 하나다.

46세 직장인 김도성 씨는 인천 옥련동에 있는 빌라 한 채를 낙찰받았다[사진 2]. 사진으로 보기에는 지하처럼 보였지만 비탈길에 비스듬히 지어진 터라 외관상 그렇게 보이는 것일 뿐 지상이었다. 낙찰받은 물건은 2015년에 지어진 1층으로 신축에

[사진 2]

가까운 상태를 유지하고 있었다. 감정가 1억 6,500만 원이었고, 시세는 1억 6,000만 원으로 1억 1,000만 원에 낙찰받았다. 무슨 하자가 있어서 사람들이 낮게 썼나 싶을 정도로 큰 차익을 본 것이다.

수리 후 전세 계약을 원하는 사람들이 여러 팀 다녀갔고 낙찰받고 얼마 되지 않아 1억 1,000만 원에 계약이 성사되었다. 낙찰된 금액과 같은 금액으로 전세 계약을 맺은 것이다. 이 돈으로 더 큰 물건에 투자할 수 있는 여력을 갖춘 셈이다. 그런데 계약이 성사되기 직전 문제가 하나 생겼다. 작은 방 발코니 하수구에서 물이 역류해 발코니 전체가 물로 가득했다.

건물 상황을 잘 아는 4층 주인에게 문의한 결과 1층 하수배관 공사가 잘못되어 토목 공사를 해야 할지 모른다는 것이었다. 일이 커지자 도성 씨는 나에게 도움을 요청했고 배관을 깨끗이 청소한 뒤에 상황을 지켜볼 것을 제안했다. 다행히 이후 아무런 문제가 없어 계약도 무사히 마치게 되었다.

애초에 하자가 없는 집을 고르려면 건물과 건물에 관계된 권리 사항을 잘 살펴보면 된다. 쉽게 말하면 상품 자체가 제 기능을 발휘할 수 있는 상태인지 확인하고 그 상품을 사용하는 데 있어서 소유할 수 있는 권한이 주어지는 것인지 검토하는 것이다. 물리적인 부분과 법리적인 부분의 검토를 마치면 돈을 주고 사 오면 된다. 어려울 것이 없이 상품과 그 상품의 품질 보증표에 기재된 내용이 일치하는지 살펴보고 실제 물건의 상태와 비교해서 구매를 결정하면 되는 것이다. 손실은 미리 예방하는 것이지 급히 닥쳐서 감당하는 것이 아니다. 경매 시장은 투자하기 전에 수익률을 정확히 확인할 수 있고 위험 여부를 타진할 수 있기 때문에 어떤 재테크보다 안전하다는 것을 알아야 한다. 자신이 사용할 물건을 사기 전에 그 물건에 대해 꼼꼼히 체크하는 과정으로 여기면 경매 투자는 훨씬 쉽고 즐겁게 접근할 수 있을 것이다.

꼭 알아야 할 권리분석
체크 리스트

'법'이라고 하면 머리부터 아프다고 하는 사람들이 많다. 그래서 법원 근처에도 잘 가지 않는다. 법원은 소송을 준비하거나 이혼할 때 아니면 굳이 찾아갈 일이 없다고 생각하기 때문이다. 경매에 전혀 관심이 없는 사람도 '경매'라고 하면 '법'부터 떠올린다. 그래서 투자를 시작하려는 초보자는 경매 관련 학원에 찾아가 기초 단계부터 난이도를 높이며 권리분석에 대해 열심히 배운다. 어떤 사람은 권리분석만 수개월을 배우며 정작 낙찰은 뒷전에 둔다.

어려운 권리를 해결할수록 돈이 된다는 믿음 하나로 하나씩 파헤쳐 나가다 보면 재미가 붙는 것은 사실이다. 감정적으로 호기심이 작동하고 그 호기심이 풀릴 때면 지식적인 희열까지 맛보게 되기 때문이다. 공부는 자신이 재미있고 즐거우면 빠져들고 집중력도 높아지게 마련이다. 그러나 초보자들이 흔히 하는 실수 중에 하나는 경매를 공부로 인식하고 접근한다는 점이다. 경매는 재테크이며 돈을 버는 수단이지 학문이 아니다. 비용 대비 가성비가 좋으면 만족할 만한 성과인 것이다.

경매를 학문적으로 접근하다 보면 돈을 버는 속도는 느리게 된다. 확실히 경매로 돈을 버는 속도는 다른 재테크 수단에 비해 빠른 편이다. 경매에서 속도의 의미는 일반 직장인이 1년에 100만 원씩 저축해야 모을 수 있는 돈을 단 한 건 투자로 몇 개월 만에 벌 수 있다. 경매를 가르치는 학원에서 권리분석을 어렵게 배웠어도 '내가 배운 내용이 과연 맞을까?'라는 불안감으로 몇 년 동안 입찰 한 번 응시하지 못한 사람도 꽤 많다. 많은 사람들이 경매를 배우기도 전에 두려워하는 이유다. 권리분석을 공부하기 전에 반드시 알아야 할 것은 바로 고정관념부터 버리는 일이다.

"경매에 성공하려면 배울 것이 정말 많겠지?"
"관련된 법을 어떻게 다 공부하지?"
"법은 하나도 모르는데?"

"법을 전공해야 할 수 있는 거 아닌가?"

　도전해 보기도 전에 망설이게 만드는 가장 큰 걸림돌은 바로 권리분석이다. 권리 지식을 알면 알수록 두려움도 커지기 때문에 애초 두려움을 만들지 않는 편이 현명하다. 그래야 경매가 만만해지게 되면서 경매에 재미를 붙일 수 있게 되기 때문이다. 하지만 어려운 권리가 얽힌 물건을 낙찰받고 명도 후 매매를 할 때까지의 기간은 상당히 소요된다. 돈이 없는 초보자에게 시간은 돈보다 훨씬 중요하다. 되도록 빠른 시간 내에 낙찰을 받고 수익을 창출해야 빠른 속도로 돈을 모을 수 있는 힘이 생긴다. 권리분석의 목적은 수익이 아니라 안전함이다. 쉽게 말해 중고차를 저렴하게 사서 다시 차익을 보면서 되팔려고 한다고 가정해 보자. 차의 결함을 파악하고 낡아서 교체해야 할 부품은 없는지 확인부터 해야 한다. 또 사고 경력이 있는 차량인지 소유권 이전에 문제가 없는지 등 꼼꼼하게 확인한 뒤 구매해야 할 것이다.

　중고차를 파는 최대의 목적은 차익 실현이다. 차를 팔기 위해 차에 대한 공학적인 지식을 모두 섭렵한 뒤 차를 팔아야 한다면 어느 누가 중고차를 구매할 수 있을까. 경매 물건을 사기 전에 최소한 안전한지 여부에 대한 사전 점검은 아주 중요하다. 하지만 안전성에 대한 문제만 중요시한 나머지 수익이 얼마나 나는지 정확히 조사하지 못한다면 경매 투자의 본래 목적인 돈 버는 일은 멀어질 수밖에 없다.

　권리분석을 하기 전에 꼭 살펴봐야 할 것들은 주로 경매 물건과 관련된 서류들이다. 다른 말로 하면 내 아기에게 먹일 분유 한 통을 사기 전에 유통기한과 제조일자, 성분, 가격 등이 기재된 설명서를 살펴보는 것과 동일하다. 부동산 경매와 관련된 서류들은 여러 가지가 있다. 등기사항전부증명서, 건축물 대장, 매각물건명세서, 감정평가서, 현황조사서 등이 있다. 물건을 사기 전에 꼭 이 다섯 가지 서류는 먼저 챙겨봐야 한다.

　부동산이 태어난 연도와 면적, 구조, 주소, 불법 증축의 여부 등을 볼 수 있는 서류가 건축물대장이다. 등기사항전부증명서는 말 그대로 등기 사항이 표시되어 있는데 간단히 말해 사고판 사람의 이름과 날짜, 해당 부동산을 구매하면서 진 빚이 얼마나 되는지 등의 관계가 날짜 순서대로 나열되어 있다.

　매각 물건 명세서는 부동산을 구매하는 사람에게 꼭 유의해야 할 사항이 있을 경우 주의하라는 신호를 보내주는 역할을 한다. 부동산의 가치를 매기는 감정평가서가 있는데 가장 중요하게 봐야 할 한 가지가 있다면 감정 시점이다. 만약 2019년에 구매를 하려고 하는데 감정 시점이 2017년이라면 당연히 시세 변동이 있을 수 있기 때문이다. 내가 가장 빈번하게 들여다보는 서류가 바로 현황 조사서다. 사전에 명도 전략을 세우는 팁으로 삼기도 하는데 현재 거주하고 있는 현황에 대해 설명되어 있다.

등기사항전부증명서에서는 소유자와 대출 금액, 대출 시기를 확인할 수 있다. 여러 은행에서 근저당이 잡혀 있거나 세금을 내지 않아 압류를 당한 것 등 경매를 당한 날짜를 순서대로 따져 보면 채무의 역사를 짐작할 수 있다. 단순히 지식으로 접근하기보다는 돈을 언제 어디서 얼마를 빌렸고 빌린 행태를 보고 채무 능력을 추측해 보는 것이다.

한 사람의 입장에서 돈이 오가는 경로를 머릿속에 그리다 보면 명도를 어떻게 풀어가야 할지 자연스럽게 떠오르게 된다. 예전에는 돈을 벌 수 있었던 이유로 건축물 대장을 꼽았다. 제일 마지막 장에 나오는 변경 내역을 살펴보면 불법건축물 여부가 기재되어 있다. 저렴한 금액으로 낙찰받아 불법을 양성화시킬 수 있다면 가성비 좋은 차익을 만들 수 있었기 때문이다.

지금은 많은 사람들이 불법 건축물에 대한 두려움도 없고 경쟁률이 높아졌기 때문에 수익적인 매력은 다소 떨어졌다. 매각물건명세서는 국가가 책임지는 부동산의 영수증과 같은 역할을 한다. 기재된 내용과 현황이 다른 경우 환불해 준다. 물론 모든 내용이 기재되어 있지 않은 명세서도 많지만 꼭 주의해야 할 사항이 기재되어 있으면 챙겨 보아야 손해를 미리 예방할 수 있을 것이다.

돈을 빨리 벌고 빨리 모으기 위해서는 권리분석의 속도를 높이면 된다. 초보자가 권리분석을 빨리 하려면 대항력이 있든 없든 권리 관계가 명확하고 돈을 주고받는 관계에 대해 확실히 아는 능력을 갖추면 된다. 복잡하거나 애매해서 자신이 돈을 물어줘야 할지 고민하게 만드는 물건은 붙잡고 있을 필요가 없다. 그러니 권리분석에 파묻혀 지내면 안 되는 것이다. 그 시간에 하나라도 더 돈이 되는 물건을 찾아보는 것이 이롭다. 여기서 내가 알려주는 방식으로 물건을 찾으면 빠른 시간 안에 수익률까지 계산할 수 있게 된다. 또한 실행력까지 더해져 과정 중에 낙찰을 받을 수 있게 되는 것이다. 배움은 써먹어야 소용이 있고 보람도 느끼는 것이다. 입찰에 뛰어들어 낙찰의 기쁨도 만끽해 보아야 그 다음 성공도 손쉽게 이어진다.

대부분의 수강생들은 입찰에 성공하면서 수익도 커지고 동시에 자기 자신도 성장함을 느낀다. 부동산을 전혀 몰랐던 사람도 단 2주 만에 부동산 투자를 해봤던 사람처럼 대화를 하고 조사를 할 수 있게 된다. 스스로도 놀라운 변화라고 말하곤 한다.

여기서 권리분석에 쏟는 시간보다 상대적으로 시세를 파악하는 데 시간을 많이 투자해야 한다. 권리분석은 수익률이 충분히 좋은 물건임을 간파했을 때 비로소 차분히 관련 서류들을 거듭해서 살펴보면 된다. 결코 권리 지식의 재미에 빠져 돈과 멀어지는 일을 만들지 말아야 할 것이다. 만약 지식 자체를 갈구하고 학문적 욕구를 해소하고자 한다면 교수나 강사의 길을 걷는 것이 바람직한 것으로 경매 투자로 돈을 벌 생각은 접는 편이 낫다.

경매의 목적은 돈이다. 경매로 수익을 만들 수 있어야 하고 투자된 돈에 비해 가성비가 좋아야 한다. 또한 낮은 가격으로 낙찰받아 시세차익도 노려야 한다. 어떤 사람은 좋은 물건이 없으니 특수권리를 배워서 투자를 해야 한다고 주장하기도 한다. 하지만 경매 투자에 대해 전혀 모르고 하는 소리에 가깝다. 숨은 보석은 아직도 많고, 만족은 상대적인 것이다.

나 역시 부동산 경매로 성공하기까지 우여곡절이 많았지만 그 과정에서 실전 경험을 쌓을 수 있었다. 이제 막 경매 투자에 뛰어들었거나 몇 년째 도전해도 계속해서 낙찰에 실패하는 사람이라면 010 6637 2358로 도움을 요청하는 문자를 보내 보자. 상세한 컨설팅을 통해 최대한 빠르게 실전에 돌입하는 비법을 전수해 주겠다.

사회초년생이 1년에 1,000만 원 모으기가 힘든 것을 감안하면 경매 투자의 수익률은 아직도 뛰어나다. 권리분석을 하기 전에 돈이 되는지 먼저 파악하라. 시간을 절약하는 방법을 항상 생각하며 조사하라. 권리분석은 돈을 버는 과정으로 소홀히 할 수 없지만 깊이 빠져서도 안 되는 영역이 권리분석이다. 지식보다 돈에 대한 정보를 캐내는 데 집중하라. 집중하는 시간과 에너지가 많을수록 돈이 모이는 속도에 가속도가 붙을 것이다.

세대수가 적고
노후된 물건을 주목하라

새것과 낡은 것의 차이는 시간적인 개념에서 비롯된다. 새 차를 사고 10년이 지났으면 더 이상 새 차가 아니라 중고차가 된다. 그만큼 시간이 지나면서 가치가 떨어지기 때문이다. 사람들은 옷이나 차를 살 때에도 새것을 좋아하고 집을 살 때에도 마찬가지다.

자동차에 연식이 있듯 부동산에도 연식이 있다. 사람이 태어난 날을 생년월일이라고 한다면 부동산도 준공연도라는 건축 용어가 있다. 우리가 흔히 공인중개사에게 물어볼 때 "몇 년식이에요?"라고 묻는 표현이 바로 부동산의 나이가 얼마인지 묻는 것과 같은 것이다.

누군가를 만나다 보면 본래 나이보다 동안인 사람이 있고 더 나이 들어 보이는 사람이 있다. 부동산도 본래 연식보다 관리가 잘 되어 있어 생각보다 외관이 수려한 건물이 있고 30년 이상 오래되고 관리가 되지 않아 지저분한 부동산도 존재한다.

영업 마감 시간이 임박한 마트를 가면 과일 및 신선 식품은 할인가로 판매하는 경우가 많다. 그래서 일부러 이 시간에 방문하는 알뜰족들도 있다. 왜 마트는 정상가가 아닌 할인가로 판매하는 것일까? 과일은 일반 상품과는 달리 시간이 지날수록 상품 가치가 급속히 떨어진다. 빨리 팔지 않으면 아예 팔 수 없게 되기 때문에 서둘러 금액을 낮춰서라도 판매하는 것이다. 특히 금방 상하기 쉬운 식품은 개수까지 추가해 한 번에 할인가로 판매하기도 한다.

경매 시장에 나오는 상품들이 이처럼 약간의 단점들을 안고 판매된다. 어떤 상품은 연식이 오래되지 않아 새것과 같은 물건도 있고 어떤 상품은 너무 오래되고 낡아서 수차례 할인되어 판매하는 물건도 있다. 경매 시장에서는 할인을 많이 하는 상품은 당연히 흠집이 많거나 상한 곳이 있음을 알고 물건을 사야 한다.

어느 누구도 재래시장에서 백화점 상품을 찾지 않을 것이다. 경매 시장에 와서 굳이 새 상품을 찾는 사람이 있는데 이해하기 어려운 부분이다. 중고차 시장에서 새 차를 찾는 것과 다를 바 없는 행동이기 때문이다. 흠집이 있는 곳은 고쳐서 사용하면 되는 것이고 상했다면 도려내면 될 것이다. 돈 여유가 있는 사람은 아무래도 이것저것 따지며 가리지만 돈이 없는 사람은 따질 겨를도 없이 돈이 되는 물건이라면 낡은 상품이라도 구매를 주저하지 않는 법이다. 결국 경매 투자에서 돈을 벌고, 벌지 못하고의 차이는 이런 생각의 차이에서 시작된다. 어떤 결정을 내릴 때 신중함이 지나치면 판단이 늦어지게 된다. 그로인해 시간을 낭비하게 되고 결과도 좋지 않을 때가 많다. 즉 돈이 없을수록 돈에 대해서만 집중해야 돈을 벌 수 있는 곳이 바로 경매 시장임을 잊어서는 안 된다.

30세 이동욱 씨는 경매 과정 3주차 수업을 듣던 중 부천에 있는 아파트를 선정해 입찰했다[사진 3]. 15평 규모의 5층 아파트로 준공연도는 1998년이었다. 사진으로 보기에는 상당히 낡았는데 현장을 가보니 의외의 정보를 얻게 되었다. 다른 아파트 단지들보다 낡고 오래되었지만 인근에 큰 재래시장이 있어 인구가 많다는 것을 알 수 있었다. 세대수도 적어 몇 동 되지 않은 아파트이고 역세권도 아닌 위치에 있었지만 편의시설이 잘 갖추어져 있어서 주민들에게 주거 지역으로 만족도가 높았다. 여기에 인근 공인중개사도 월세 수요가 풍부하다고 이야기를 해주

[사진 3]

었기 때문에 망설일 이유가 없었다. 엘리베이터가 있느냐 없느냐에 따라 매매가에도 차이가 있지만 5층이라고 해서 비어 있는 층은 없었다. 오래되어서 외관상 낡아 보인다고 해도 살기 좋은 곳에 수요가 많다는 사실을 놓치지 않아야 돈을 벌 기회를 잡게 된다.

　법원경매정보 사이트에서 흔히 볼 수 있는 연식이 오래된 부동산은 외관의 낡은 상태를 눈으로 직접 확인할 수 있다. 그래서 초보자는 사진만으로도 감당하지 못해 관심 있게 살피지 않고 지나치게 된다. 이는 길거리에 누군가 흘리고 간 돈을 보지 못하고 발로 밟고 지나가는 것과 같다. 사람도 겉모습만 보고 판단하면 안 되는 것처럼 부동산도 마찬가지다. 외관의 노후된 상태만 보고 수익률이 나쁘다고 단정 짓지 말아야 한다.

현장답사를 통해 내부를 보지 않은 상태에서 외관을 둘러보면 외부 창틀이 눈에 띌 것이다. 다른 층의 창틀과 색상이 다르거나 모양이 다른 경우 내부 수리도 했을 가능성도 예측할 수 있다. 건물 자체가 연식이 오래 되었더라도 주인이 직접 사는 경우 창틀을 모두 교체할 정도라면 내부 수리도 함께 진행하는 것이 일반적이기 때문이다. 일반적으로 오래된 집의 창틀은 진한 밤색 계열의 알루미늄으로 되어 있지만 새로 교체한 창틀은 화이트 색상을 띄고 있을 때가 많다.

서울에서 자영업을 하는 36세 박성진 씨는 연식을 따지면 20년이 훨씬 넘은 강릉의 아파트 한 채를 낙찰받았다[사진 4]. 강릉역 인근에 위치해 거래가 제법 이루어지는 매물로 5층 건물에 탑 층인 5층이었고 엘리베이터가 없는 노후된 아파트였다. 그러나 노후만 되었지 창틀과 인터폰까지 모두 새것으로 바꾼 지 얼마 되지 않아 보였다. 알아본 결과 점유자는 소유자였고 현재 집을 떠나 먼 곳에서 생활하고 있었다.

인터폰과 창틀을 바꿀 정도면 내부를 올 수리할 가능성을 시세에 반영했고, 결국 낙찰을 받아 명도를 하기에 이르렀고 소유자와 통화한 결과 내부를 리모델링했다는 말을 듣게 되었다.

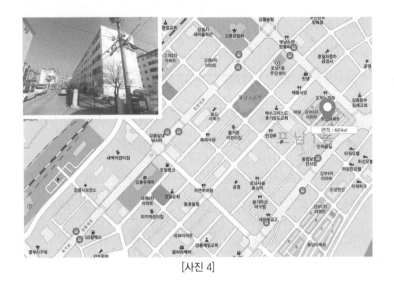

[사진 4]

올 수리를 하면서 싱크대까지 새것으로 교체한 지 얼마 되지 않은 시간에 경매를 당하게 된 것이다. 덕분에 이사 비용을 넉넉히 주고 명도를 완료하였고, 내부를 확인하니 수리할 곳은 벽지 정도밖에 없었다.

아파트에 투자할 경우 세대수를 중요하게 생각할 수밖에 없다. 외관이 수려할수록 사람들의 인지도가 높아지는 것처럼 얼마나 많은 사람들이 살고 싶어 하는 곳인지가 투자를 결정하는 중요 변수가 되는 것이다. 인구의 비중과 거주환경에 대한 선호도가 높으면 주택 매매 수요도 좋다. 특정 지역에 인구가 모여드는 것은 교육 환경이 좋거나 편의 시설이 잘 갖추어져 있기 때문이다.

반대로 인구의 비중이 적을수록 주택 수요는 적을 수밖에 없다. 하지만 경매 시장에서 단순히 세대수만 따져서는 돈을 벌 기회를 놓칠 수 있다. 100가구에 못 미치는 세대수가 살고 있는 아파트라 할지라도 수익률이 제법 좋은 물건이 존재하기 때문이다. 지역별로 매물 품귀현상으로 집을 구하기 어려운 곳도 있다. 살기 좋은 주변 환경 때문에 한 번 거수하면 이사를 가지 않고 오랫동안 사는 경우도 있기 때문이다. 특히 큰 규모의 단지가 형성되지 않고 단독으로 한 동이 세워져 있는 아파트라면 더욱 눈여겨볼 필요가 있다.

파주에서 직장을 다니는 32세 최인석 씨는 해남에 있는 낡은 아파트 한 채를 발견했다[사진 5]. 80세대로 총 3개 동으로 구성되어 있고 외관은 누가 살겠나 싶을 정도로 볼품이 없었다. 5층 중 1층이었고 엘리베이터가 설치되어 있지 않았다. 그러나 외관과 달리 조사를 해 보니 현장답사까지 가 보고 싶은 마음까지 생기게 되었다. 감정가는 4,380만 원으로 5,000만 원에 거래가 되고 있었고 보증금 500만 원에 40만 원의 월세를 받을 수 있는 물건이었다. 더구나 이 어려운 시기에 수요는 많고 매물이 없다는 정보도 알 수 있었다.

해당 지역은 편의시설도 잘 되어 있지 않았고, 마을버스를 타야 접근이 용이한 곳이었다. 이는 네이버에 올라온 매물 정보

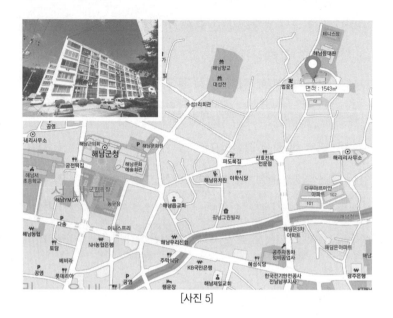

[사진 5]

나 거래된 가격들의 통계 자료로 가늠할 수 없는 정보였다. 초보일수록 수많은 조건을 내걸고 경매 시장에 기웃거린다. 이들은 연식이 오래되지 않고 세대수가 많으며 교통과 주변 환경이 훌륭한 곳을 먼저 찾는다. 그래야 안심이 되기 때문이다. 결국 경쟁률이 높은 물건에 입찰하게 되고 낙찰가는 높아진다. 조건이 까다로울수록 돈을 버는 속도는 느려질 수 있음을 알아야 한다.

이 지역은 고령층이 많이 거주할 것이라는 편견을 깨뜨린 곳이다. 신혼부부의 대기 수요가 많았고 아파트는 저층이 오히려 시세가 좋았다. 또한 3층 이상으로 올라갈수록 상대적으로 시세는 낮아졌다. 일반적으로 아파트의 저층보다 로얄층으로 불리는 중간층의 시세가 비싼 것과 비교하면 의아한 일이었다.

6층 이하로 구성된 아파트는 엘리베이터가 설치되어 있지 않은데 나이가 많든 적든 낮은 곳이 오르내리기 편하기 때문이다. 그렇다고 엘리베이터가 있는 아파트의 탑 층이라고 해서 투자를 망설일 필요는 없다. 보증금이나 월세를 조금이라도 저렴하게 내기 위해 일부러 탑 층을 찾는 수요자가 존재하기 때문이다. 투자금이 소액이라면 거래가 되고 수요층이 존재한다면 오히려 낮은 가격에 매수해 가성비를 극대화시키는 전략을 취하면 되는 것이다. 경매 시장에서 아파트의 경우 세대수가 많고 적음을 기준으로 삼을 필요는 없다. 경매 물건이 위치한 지역 내 거주하는 수요층을 파악하는 것이 더 중요하기 때문이다. 이는 교통 환경이나 편의시설과는 무관할 때가 있음을 말한다.

경매 물건을 검색할 때 오래되어 보이는 부동산이 있다면 우선 연식과 층을 확인하고, 아파트라면 세대수가 적다하더라도 조사해 보는 습관을 갖는 것이 좋다. 대부분은 조사도 하지 않고 넘기는 사례가 많기 때문에 오히려 낮은 가격에 낙찰받을 수 있는 기회가 될 수 있기 때문이다. 그렇다고 무작정 연식이 오래되었다고 해서 좋은 물건이라고 말하기는 어렵다. 평가된 감정가보다 시세가 높은지 월세는 매매가 대비 높은 수준인지 반드시 확인하는 작업이 필요하다. 가끔 전세 가격이 매매가에 버금가는 물건도 존재하는데 목돈을 재투자하는 기회로 삼아도 될 것이다.

세대수가 많고 인지도가 높은 브랜드의 아파트는 매각가율이 항상 높기 때문에 소액으로 투자를 시작하는 초보자는 경쟁 상대가 되지 못한다. 대중의 관심이 다소 덜한 곳에 돈이 있다는 사실을 깨닫고 용기 내어 과감히 도전하면 어렵지 않게 이기는 투자를 할 수 있다. 돈이 안 될 것 같아 보이는 물건에 주의를 기울여라. 돈은 뜻하지 않은 곳에서 생각지도 못한 모습으로 당신을 기다리고 있다.

남보다 반걸음 앞설 때 부자가 된다

어떤 사람들은 돈을 버는데, 어떤 사람들은 변명만 한다.
돈을 벌면서 변명을 늘어놓는 사람은 없다.

_ 덱스터 예거

"투자할 돈이 없어요."

"월급이 얼마나 되는데요?

"맞벌이로 1,000만 원 정도 법니다."

"……."

연봉이 많을수록 저축하는 금액이 많을 것 같지만 꼭 그렇지
만은 않다. 오히려 연봉이 적은 사람일수록 악착같이 아껴서 목
돈을 만든다. 올해 30세가 된 이동현 씨는 과거 친구와 동업을
하면서 순수입 월 1,000만 원 정도를 벌었다. 그러나 기분에 따

라 친구들을 만나며 지출을 하는 통해 정작 돈은 한푼도 모아 두지 못했다. 그러나 경기 침체로 매출이 급격히 하락하기 시작했고 수입은 월 200만 원도 채 되지 않았다. 남보다 많이 번다는 생각이 감정적으로 자만심을 키웠고 그 자만심은 저축을 하지 않고 지출만 하는 소비 습관으로 이어졌다. 고정적인 수입이 있을 때 투자를 모색하는 일은 자산을 만들어 불리는 데 결정적인 밑거름이 된다. 조금만 더 멀리 생각해 보면 부자로 가는 지름길이 무엇인지 알 수 있을 것이다.

지출을 우선순위에 두고 남는 돈으로 투자를 하겠다고 하는 것은 투자할 마음이 없는 것과 같다. 투자는 남은 돈으로 하는 것이 아니라 돈을 만들기 위해 하는 것이다. 직장생활을 오랫동안 하다 보면 돈을 만든다는 사고방식을 갖기가 쉽지 않다. 직장인은 정해진 시간 동안 근무한 뒤 퇴근하면 쉬느라 바쁘다. 그래서 투자를 하기 위한 시간을 낼 수 없다고 생각하는 것이다. 몸은 움직이지 않고 가장 손쉽고 빠르게 할 수 있는 재테크 방법이 책상에 앉아 키보드 자판을 두드리며 주식을 사고파는 일이다. 주식은 언제 사고팔지 눈치를 보며 끊임없이 고민을 해야 하는데 나는 고민해야 하는 투자는 절대 하지 않는 것이 원칙이다. 투자는 단순해야 하고 남보다 반걸음 정도 앞서기만 해도 돈을 벌 수 있어야 하기 때문이다.

반걸음 앞선다는 표현이 꼭 대단한 정보를 남들보다 먼저 알아야 한다는 의미가 아니다. 가난한 사람들의 특징은 자신에게 특별한 기회가 주어져도 알아보지 못하고 망설이거나 남의 것만 기웃거린다. 눈앞에 있는 기회가 자신에게 어떤 변화를 가져올지 전혀 예측하지 못하는 것이다. 그저 당장 눈앞의 물리적인 이익만 따지는 데 익숙해져 있기 때문인데 주로 직장은 이런 예측력을 무디게 만든다.

직장인은 자신이 맡은 업무를 충실히 해내면 된다. 그래서 정해진 시간에 따라 밥을 먹고 주어진 일을 의무적으로 한다. 그래서 자신이 주도적으로 변화를 주며 예측해야 할 일이 거의 없는 셈이다. 단순 노동을 주 5일 동안 반복하며 이틀을 잠시 쉬었다가 또 반복한다고 생각해 보라. 스스로 판단하고 조율하고 주도하는 역할이 없기 때문에 눈앞에 벌어지는 일 외에는 집중할 대상이 없는 것이다. 변화와 성장이 없는 사람이라면 현재 자신의 삶을 심각하게 생각해 볼 필요성이 있다. 사람은 끊임없이 배움으로 지금보다 조금이라도 더 나아지기 위해 몰입해야 실제로 환경이 나아진다. 지금 당장 편하다고 천천히 걷다보면 어느새 지금은 반걸음 정도 앞서 있는 이들이 따라잡을 수 없을 만큼 격차가 벌어지게 될 것이다.

〈한책협〉의 김태광 대표 코치는 "돈은 나이가 들수록 천천히 벌어봐야 아무 소용이 없다."라고 말한다. 나는 이 말을 듣고 뒤통수를 한 대 얻어맞은 기분이 들었다. 직장생활만 하던 나로서는 적잖이 큰 충격이었기 때문이다. 이후로 그의 부자학을 나의 강의 방식에도 대입해 교육을 받는 사람들의 의식 변화에 도움을 주었다.

김태광 대표 코치는 유튜브에서도 '김도사'라는 닉네임으로 〈김도사TV〉를 운영하며 자신의 지식과 경험, 깨달음을 영상으로 공개하고 있다. 가난한 사고를 부자의 사고로 바꾸고 싶다면 그의 영상을 구독해 보라. 과거의 사고방식을 내려놓는다면 단기간 변화된 삶을 이끌어낼 수 있을 것이다.

젊었을 때 속도전을 펴지 않으면 돈을 모을 수 없고 번 돈도 즐겁게 쓸 수도 없게 된다. 이제는 더 이상 구시대적인 방법으로 안 먹고 안 입고 안 쓰는 방법으로는 부자가 될 수 없다. 지금도 그렇고 미래는 더욱 힘 들이지 않고 돈을 벌 수 있는 아이템들이 많은 시대가 올 것이다. 만약 당신이 직장인이라면 회사의 이익을 위해 죽기 살기로 모든 인생을 바치지 마라. 100세 시대를 앞둔 지금, 직장인들은 일찍 시작될 노후를 위해 준비하는 시간을 목숨 걸고 확보해야 할 것이다.

어느 날 경기도 의왕시에 거주하는 김기훈 군이 나의 휴대전화로 급히 전화를 걸었다.

"여보세요, 김서진 대표님이시죠?"

"네."

"저는 김기훈이라고 합니다. 대표님 책을 읽다가 연락드렸습니다. 다름이 아니라 경매를 배우고 싶습니다. 어떻게 하면 될까요?"

"목소리가 어리신 것 같은데 나이를 여쭤어 봐도 될까요?"

"지금 휴학 중인 대학생으로 나이는 스물 네 살입니다."

경매를 배우고 싶다며 나를 찾아오는 대부분의 사람들은 나의 조언과 상담을 받으면서도 망설이며 의심부터 할 때가 많다. 그러나 김기훈 군은 나이에 맞지 않게 결단력과 추진력을 모두 갖추고 있었다. 느낌부터 심상치 않았던 그는 상담을 받자마자 어떻게 해서든 배워 평생 사업으로 이어가고 싶다고 했다.

나도 그를 보며 부동산에 대해 전혀 알지 못하는 사람이 어떻게 경매에 저렇게까지 관심을 갖게 되었는지 신기할 따름이었다. '경매'라고 하면 무턱대고 법부터 공부해야 한다는 생각에 두려워하는 사람들이 많은데 그는 경매로 창업을 꿈꾸고 있었던 것이다. 아니나 다를까 그는 교육이 시작되고 2주 차 만에 부산에 있는 아파트 한 채를 낙찰받았다[사진 6~8]. 입찰 3일 전에 발견한 물건이었는데 시간이 급박해서 거의 조사할 시간도 없다시피 했다. 자세히 살펴보니 과거 매각가율이 140%에 육박하는 아파트였는데 경기 침체로 인해 경쟁률이 낮아졌고,

[사진 6]   [사진 7]   [사진 8]

당시 정부의 부동산 대책으로 시장은 얼어붙은 상태였다.

"기훈 씨, 기차표 끊어서 내일 내려갈 수 있어요?"

"네, 대표님! 갈 수 있습니다."

"그럼 당장 표 끊고, 숙소 잡아요."

"네, 알겠습니다."

특별히 물건에 대한 설명도 하지 않았지만 "내려갈 수 있나?"라는 말 한 마디에 한 치의 의심도 없이 그는 부산으로 향했다. 현장 조사를 위해 내려간 날이 토요일이었기 때문에 입찰일이 월요일인 관계로 단 하루의 여유만 있었을 뿐이었다.

그는 하루 내내 부동산 중개업소를 돌고 물건지를 탐문하며 조사를 마쳤다. 그날 밤 시세를 분석하는 과정을 거쳐 낙찰가를 결정했다. 해당 아파트는 1982년에 지어진 건물로 상당히 노후되어 있었고, 5층 중에 5층에 위치해 있었다. 결단력과 수고

덕분에 그는 낙찰 소식을 전해왔고 나 역시 무척 감격스러웠다. 감정가 9,100만 원, 시세 1억 원에 가까운 아파트를 7,810만 원에 낙찰받은 것이다. 스스로도 어떻게 이렇게 빨리 낙찰을 받을 수 있었는지 믿기지 않아 했다. 그가 남들과 다른 점이 있다면 항상 반걸음 앞서 행동했다는 것이다. 남들보다 조금 앞서 생각하고 결정하고 행동하는 것이 어린 나이에도 단기간에 경매 투자로 성공할 수 있었던 원동력이 된 셈이다.

감정가   9,100만 원
시 세   9,500만 원
낙찰가   7,810만 원
대 출   5,000만 원
_____

내 돈   2,810만 원(각 종 세금 및 등기이전 비용 제외)
보증금   1,000만 원 /월세 40만 원(실투자금: 1,810만 원)

	최초 1년 거치 시(만 원)		1년 거치 후(만 원)
월세(연 월세)	40(480)	월세(연 월세)	40(480)
대출이자 3.7% (연 이자)	15(185)	대출이자+원금분할 상환액(30년)	29(348)
월 수익(연 수익)	25(300)	월 수익(연 수익)	11(132)
연 임대수익률	16.57%	연 임대수익률	7.29%

물건을 선정하고 원하는 수익률이 확인되면 투자는 신속하게 이루어져야 한다. 결심하는 단계가 늦어질수록 돈 벌 기회는 멀어진다. 대부분 이 단계까지 도달하더라도 결정을 하지 못해

포기하는 경우도 비일비재하다. 결정을 머뭇거리는 이유는 확신이 없기 때문이다. 투자 물건 자체의 문제라기보다 자신이 생각하는 게 맞는지 잘 모르고 있다 보니 좋은 물건을 골랐음에도 스스로 놓치게 되는 것이다. 만약 돈이 들어가지 않았으니 잃은 것이 없다고 말하고 싶다면 정말 잘못된 생각이다. 이미 그 사람은 돈을 벌 수 있는 기회 자체를 놓친 것이나 다름없으니 말이다. 오히려 그 기회를 잡지 못한 것을 두고 아쉬워하고 안타까워해야 한다.

돈에 대한 욕망 없이는 절대 가난을 벗어날 수 없다. 가난할수록 머뭇거릴 시간이 없다. 돈이 없다면 더욱 빠르게 생각하고 신속히 결정해야 한다. 신중한 것은 좋으나 투자를 결심하기까지의 시간이 길어지면 돈을 버는 속도도 느려진다. 단순하게 생각하고 빠르게 실행해 성과를 즉시 얻어 보라. 그리고 반복해 보는 것이다.

자신감은 짧은 시간에 지속적으로 상승한다. 아무리 아둔해도 빠른 성과를 반복하다 보면 기술도 늘게 되고 덩달아 수익률도 커지게 된다. 큰 부도 작은 성과에서 시작된다는 것을 안다면 돈이 모일 때까지 기다릴 시간조차 아껴야 한다.

배우는 데 필요한 시간을 의도적으로 분배하라. 우선순위가 직장 업무가 되어서는 안 될 것이다. 자고 일어나면 항상 어떻게 돈을 벌 것인지에 대한 생각을 끊임없이 해야 한다. 돈이 있어서가 아니라 돈이 없으니 생각해야 하는 것이다. 어떻게 하면 적은 시간과 소액을 들여 머니 시스템을 구축할 수 있을지 끊임없이 생각해야 한다.

만약 자신이 지금 결정한 일이 잘 되지 않는다면 의도적으로라도 더 일을 저질러 보는 것도 좋다. 어떻게 해야 할 것인지 고민을 하지 마라. 저지르는 과정 안에서 걸림돌이 되는 일들을 하나씩 해결하는 편이 시간을 아끼며 자신의 능력을 개발하는 길일 것이다.

당신은 지금의 삶에 만족하는가. 현재의 결과는 당신이 만든 것이다. 지금과 달리 미래에는 자신이 원하는 대로 살고 싶다면 망설이지 말고 경매 투자를 배워서 돈을 벌어 보라. 우두커니 남이 하는 것만 보고 있을 시간이 어디에 있는가. 지금 이 순간에도 시간은 흐르고 있다.

아는 만큼 보이는
알짜배기 물건 찾기

> 중요한 것은 다만 자기에게 지금 부여된 길을 한결같이 똑바로 나아가고,
> 그것을 다른 사람들의 길과 비교하지 않는 것이다.
>
> _ 헤르만 헤세

여럿 가운데 가장 중요하거나 훌륭한 물건, 또는 실속이 있거나 표본이 되는 노른자위 같은 것을 '알짜'라고 말한다. 부동산 경매 시장에서도 이런 알짜 물건이 있는데 적게 주고 많이 얻는다는 개념에서 이해하면 좀 더 쉬울 것이다. 투자의 세계에서 수익률을 높이려면 내 돈은 적게 들어가고 수익이 많이 창출되어야 성공적인 투자라고 말할 수 있다.

경매 투자의 매력은 가성비가 좋다는 점인데 현 정부 이전까지는 주택담보 대출에 대한 이자만 납입하고 남는 금액을 월 수익으로 계산하면 되었다. 하지만 2018년부터는 대출원금분할

상환액까지 고려하지 않으면 오히려 물건을 보유하고 있는 동안 부족한 이자를 감당해야 하는 어려운 상황에 놓일 수 있다. 지금의 시기에는 월세가 대출 이자와 1년 뒤 대출원금분할상환액을 합한 금액을 빼고도 수익이 남는 물건을 골라 입찰하는 것이 규제를 이기는 길이다. 그렇다면 어떻게 해야 알짜 물건을 선별할 수 있을까?

첫째, 알짜 물건의 특징 중 하나는 매매가에 비해 월세 수준이 높다.

들고 있는 돈이 적다면 서울과 경기 수도권 지역에서는 이에 해당하는 매물을 찾기는 어렵다. 이는 매매가에 비해 월세 수준이 상대적으로 낮기 때문이다. 그러나 하락 추세인 지방의 부동산을 잘 눈여겨보면 오히려 매매가 대비 월세 수준이 높은 물건을 심심치 않게 찾을 수 있다. 그렇다고 지방의 모든 부동산이 수익을 내는 것은 아니니 잘 알아봐야 한다. 공급 물량이 많아 집값이 끝없이 추락하고 있는 곳도 있고 월세 매물이 많아 공실이 채워지지 않는 곳도 상당히 많다. 그런 와중에 살기 좋은 지역은 반대의 현상을 보이는 곳도 있다. 매매가는 다소 떨어지지만 월세 수준이 그대로 유지되고 있는 지역을 찾아보면 적은 투자금으로 만족할만한 수익을 거둘 수 있는 것이다.

일반 매매 시장과는 다르게 경매 시장은 체감시세를 파악하는 것이 수익률을 좌우하는 결정적인 요인이 된다. 인터넷 매체의 통계를 찾아보거나 언론에서 나오는 전반적인 부동산 기사 내용에만 의지한다면 절대 좋은 투자 결과를 낼 수 없다.

30세 이정식 씨는 건설 회사에 다니고 있으면서 내게 경매 투자를 배워 용인에 있는 아파트 한 채를 낙찰받았다[사진 9]. 그는 5주 과정을 수료하고 한 달이 조금 넘는 시점에서 입찰을 시도했는데 연식은 1995년으로 전용 면적 18평에 11층 중 4층에 위치해 있었다.

감정가 1억 원의 소형 아파트인데 시세는 1억 1천 만 원으로 파악되었다. 당시 정식 씨는 투자금이 전혀 없었기 때문에 마이

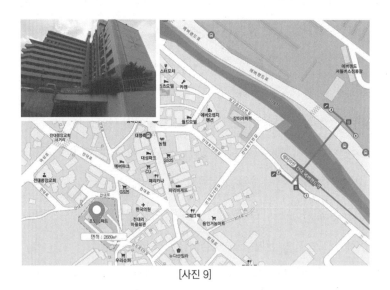

[사진 9]

너스 통장을 활용해 초기 투자금을 조달할 수밖에 없는 상황이었다. 대출 이자가 이중으로 발생하기 때문에 시세차익보다는 월세 수준으로 이자를 충분히 낼 수 있는 물건에 투자하는 것이 중요했다.

1억 원짜리 부동산에서 받을 수 있는 월 임대료는 보증금 1,000만 원에 40만 원에서 많게는 50만원 수준이 일반적이다. 하지만 낙찰받은 아파트의 경우 보증금 1,000만 원에 60만 원의 월세를 받을 수 있는 물건이었다. 그는 9,800만 원에 낙찰을 받았고 7,800만 원의 대출을 활용해 나머지 투자금에 대한 이자를 생각하면 되는 상황이었다. 이에 7,800만 원의 이자와 원금분할상환액을 합치면 50만 원 정도의 수준이 된다. 이것이 바

감정가　10,000만 원
시　세　11,000만 원
낙찰가　9,800만 원
대　출　7,800만 원

내　돈　2,000만 원(각 종 세금 및 등기이전 비용 제외)
보증금　1,000만 원 /월세 60만 원(실투자금 : 1,000만 원)

	최초 1년 거치 시(만 원)		1년 거치 후(만 원)	
월세(연 월세)	60(720)	월세(연 월세)	40(480)	
대출이자 3.7% (연 이자)	24(288)	대출이자+원금분할 상환액(30년)	45(540)	
월 수익(연 수익)	26(312)	월 수익(연 수익)	15(180)	
연 임대수익률	31.2%	연 임대수익률	18%	

로 돈이 없을수록 알짜 물건을 골라야 하는 이유인 것이다.

둘째, 투자된 돈이 제로에 가깝거나 내 돈이 전혀 들어가지 않고 오히려 남는 물건이라면 곧바로 두 번째 투자를 이어갈 수 있다.

돈이 없을수록 단 한 번의 투자에 그치는 일이 많은데 그 이유는 일정 규모 이상의 목돈이 있어야 재투자가 용이하기 때문이다. 투자금이 회수되거나 아예 돈이 지출되지 않는 물건은 낙찰가가 충분히 낮았을 때 가능하다. 이때 경락잔금 대출을 잘 활용하면 좋을 것이다. 경락잔금 대출은 일반적으로 감정가의 60%와 낙찰가의 70% 중 낮은 금액을 대출해 준다. 이는 물건별 낙찰가의 높고 낮은 정도에 따라 다르고 꼭 정해진 원칙은 아니지만 입찰하기 전 예상 수익률을 가늠할 때 참고해 보면 좋다.

은행은 경매 물건을 담보로 대출을 해줄 때 고려하는 것이 있다. 담보 물건의 감정가를 적용하지 않고 시세를 다시 평가해 100%가 넘는 근저당을 설정한다. 쉽게 말해 돈을 빌려 간 사람이 혹시 갚지 못할 것을 대비해 이자를 고려한 금액까지 계산해서 대출액을 산정하는 것이다.

인천에서 직장을 다니는 사회초년생인 30세 서준호 씨는 2018년 9월에 인천 계양구에 있는 빌라 한 채를 낙찰받았다 [사진 10]. 첫 월급 명세서를 받아들고 적잖은 충격을 받고 경

[사진 10]

매 공부를 결심한 케이스였는데 모아둔 돈은 600만 원이 전부였다. 그는 대출에 대한 불신이 많았던 만큼 '내가 할 수 있을까?'라는 걱정도 가득했다. 입찰일을 코앞에 두고서도 '내가 과연 낙찰을 받을 수 있을지'에 대한 고민이 무척 많았지만 마인드 교육을 통해 자기 확신이 강해졌고 단 한 번의 입찰로 낙찰에 성공했다.

그가 받은 물건은 전용 면적 11평으로 3층 중 1층에 위치했고 연식은 1991년이었다. 낙찰가는 3,954만 원으로 차순위와 100여만 원 차이였고 경락잔금 대출을 4,000만 원을 받았으니 실투자금은 '제로'이고 오히려 월세 보증금 500만 원이 남게 되었다. 1년 후 대출 이자와 원금분할상환액을 납입하고도 남는 월 수익을 바라볼 수 있는 사례였다.

감정가   5,900만 원
시 세   5,500만 원
낙찰가   3,954만 원
대 출   4,000만 원

내 돈   −46만 원(각종 세금 및 등기이전 비용 제외)
보증금   500만 원 /월세 30만 원(실투자금: −546만 원)

	최초 1년 거치 시(만 원)		1년 거치 후(만 원)
월세(연 월세)	30(360)	월세(연 월세)	30(360)
대출이자 3.7% (연 이자)	12.3(148)	대출이자+원금분할 상환액(30년)	24(288)
월 수익(연 수익)	17.7(212)	월 수익(연 수익)	6(72)

우량 물건은 저마다 개인의 자금 상황에 따라 다르게 정의된다. 돈이 없는 사람은 투자금이 거의 들어가지 않는 물건이 우량일 것이고, 반면 돈이 많은 사람은 원금의 몇 배 정도는 벌어야 만족할 수 있는 물건이 될 것이다. 돈이 되는 물건은 각자의 자금 현황과 목적에 따라 달라질 수 있기 때문에 투자할 때도 유념해야 한다. 현 정부의 9·13 부동산 정책에 따라 대출 규제가 강화되어 유예 기간 없이 전격 시행되고 있다.

이제 현금을 충분히 보유하고 있지 않으면 규제 지역에 투자하기는 사실 어려운 실정이다. 경매 시장도 대출 규제의 영향을 받고 있는데 입찰자 입장에서는 좋은 기회가 될 수 있다. 규제 강화 이전에 돈이 없는 사람들은 부동산 매수대금의 70~80%를 경락잔금 대출에 의지했다. 지금은 대출 가능 금액의 규모가 축소되었기 때문에 본인의 자금 보유 능력이 열악하다면 입찰할 수 없게 된 것이다. 경쟁률은 자연스럽게 떨어지고 시세차익을 노릴 만한 물건들이 하나둘 생겨나고 있는 셈이다.

투자금에 여유가 있는 사람은 주택으로 월세를 받는 목적보다 큰 시세차익을 노리는 것이 좋다. 월세 수준은 비록 낮더라도 시세차익이 많이 나오는 물건을 찾아 투자하면 빠른 속도로 돈을 모을 수 있다. 부동산 경매로 낙찰을 받고 몇 달 사이에 팔아 큰 차익을 보려고 하는 사람들이 많다. 주식처럼 사고파는 행위가 키보드 하나로 쉽게 이루어진다면 가능하겠지만 부동산은 그렇지 않다는 점을 알아야 한다. 세금 정책과 타이밍을 잘 고려해 매도 시기를 결정해야 돈을 벌 수 있다는 이야기다.

경매 투자는 얼마나 낮은 가격에 낙찰을 받느냐에 따라 투자 당시 수익률이 결정된다. 규제 지역은 내 돈이 많이 들어가고 대출이 적게 나오는 것이 특징이다. 1,000만 원 수준으로 입찰이 가능했던 투자자들은 이제 넘볼 수 없게 되었다. 규제 지역에서 시세보다 감정가가 낮게 책정되어 있는 물건에 입찰해 원하는 차익을 남기는 전략도 시도해볼 만하다. 규제 이외 지역의 경우 많은 지역의 부동산 가격이 하락했기 때문에 시세가 감정가보

다 낮더라도 그만큼 낮은 입찰가를 산정해 시세 차익을 확보할
수 있다.

부산에서 초등학교 영어를 가르치고 있는 56세 이지영 씨는
부산 수영구에 있는 빌라 한 채를 낙찰받았다. 빌라를 낙찰받
은 다음 날 울산에 있는 아파트 한 채를 추가로 낙찰받았는데
연이틀 모두 단독 응찰이었다.

부산에 있는 빌라는 감정가 1억 2,200만 원에 시세 1억
3,000만 원으로 9,952만 원에 낙찰되었고[사진 11], 울산에 있
는 아파트는 감정가 1억 2,000만 원에 시세 1억 원으로 6,150만
원에 낙찰되었다[사진 12]. 두 물건의 세전 시세차익 합계는

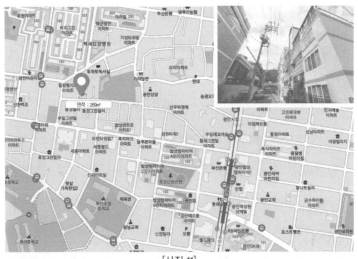

[사진 11]

192

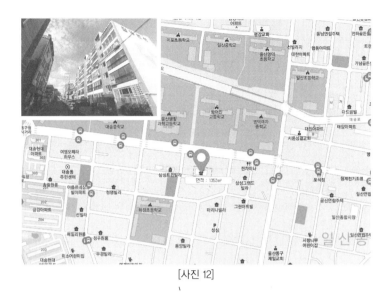

[사진 12]

7,000만 원 수준으로 일정 기간 보유하는 전략을 취하기로 했다.

이지영 씨 사례에서 눈여겨볼 점은 바로 경쟁률이다. 애초에 시세차익을 노리고 낙찰가가 낮을 법한 물건을 감별해내는 것이 가장 중요하다. 경매 초보자로서 고수들을 이길 수 있는 방법은 어려운 권리분석에 목매지 않고 그들이 간과하는 물건을 찾아내는 능력을 키우는 것이다. 투자 수익률은 투자되는 돈의 규모에 비례한다. 큰돈을 투자하면 큰돈을 벌고 적은 돈을 투자하면 가성비를 극대화할 수 있는 투자를 해야 만족할 만한 성과를 꾸준히 유지할 수 있다.

경매 투자의 매력은 자본 운용을 어떻게 하느냐에 따라 수익률의 규모가 달라진다. 이때 단순히 얼마를 남겼다는 절대적인 수치를 따지는 것은 바람직하지 않다. 낙찰받은 물건에서 회수되는 금액을 재투자하는 과정에서 수익률을 얼마나 더 높일 수 있는지가 중요하다.

알짜배기 물건은 개발이 유망한 지역에 있는 부동산이 아니라 내가 가진 돈으로 최대의 수익을 낼 수 있는 물건을 말하는 것이다. 남과 비교할 필요도 없고 현재 보유하고 있는 자금으로 시작할 수 있는 씨앗을 만드는 일에 몰입하는 것이 가장 빨리 돈을 버는 지름길이다.

보유하고 있는 돈이 많다면 분산 투자를 함으로써 리스크를 줄이는 전략도 고려할 수 있다. 하지만 돈에 여유가 없다면 경쟁률이 비교적 낮은 하나의 물건을 공략해 전세금 회수를 활용한 재투자나 시세차익에 집중하는 것이 좋다.

뛰는 규제 위에
나는 투자법으로 경매 성공하기

모든 것들에는 나름의 경이로움과 심지어 어둠과 침묵이 있고
내가 어떤 상태에 있더라도 나는 그 속에서 만족하는 법을 배운다.

_ 헬렌 켈러

'세금' 하면 일단 빼앗기는 느낌부터 든다. 우리가 흔히 일상에서 사 먹는 과자나 음료수, 기타 생필품 등에는 세금이 포함되어 있다. 당연하게 세금을 포함한 가격을 지불하며 아무런 불평불만 없이 구매하며 살고 있는 것이다.

부동산도 하나의 상품으로 보면 세금을 지불하는 것은 당연한 일인데 사람들은 정책이 나올 때마다 난리법석이다. 특히 부동산 투자를 한 번도 해 보지 않은 사람들이 오히려 아직 내지도 않을 세금에 대해 두려워하고 고민하는 모습을 많이 본다. 부동산의 세금은 일반 상품들과 지불 방식이 다르고 납부액의

규모도 다르기 때문에 더 그럴 수도 있다. 부동산 투자는 세금을 받아들이고 정부 정책을 활용하는 방향으로 전략을 짜야 오랫동안 지속할 수 있다. 정책이 바뀌고 규제가 쏟아져 나오면 강화된 면만 부각이 된다. 대부분의 사람들은 이런 부정적인 면만 부각되기 때문에 크게 느껴지고 투자를 하면 안 될 것 같은 공포심에 사로잡히는 것이다.

9·13 부동산 대책의 강화된 규제가 쏟아지면서 규제 지역 내에서는 1주택 자는 사실상 추가 대출이 불가능해졌다. 이런 소식에 저마다 아우성이지만 반대로 규제를 하지 않는 지역을 살펴보아야 한다. 지방은 전체적으로 부동산 가격이 하락하고 있는 것은 사실이나 수익을 낼 수 있는 부동산을 찾아 투자하면 될 일이다. 어떤 규제든 인정해 주는 것이 필요하고 그 규제가 투자 원칙을 흔들리게 해서는 안 된다.

현금이 충분하지 않는 상황이라면 정부가 굳이 사지 말라고 나서는 곳에 돈을 투자할 필요는 없다. 지방의 부동산은 대체로 매매가가 일정 금액 이상 떨어졌지만 월세 수준은 하락 이전의 금액이 유지되는 곳이 존재한다. 오히려 돈이 없다면 이런 물건을 공략하는 것이 수월하다. 왜냐하면 사람들은 시세 하락이 계속되고 있는 지방의 부동산 시장을 관심 있게 들여다보지 않기 때문이다.

의류 회사를 다니고 있는 25세 유하진 씨는 대전에 있는 빌라 한 채를 낙찰받았다[사진 13]. 그동안 직장을 다니며 모은 돈은 500만 원이 채 되지 않았다. 수도권 부동산 투자는 엄두도 내지 못해 지방에 있는 물건을 찾아보기로 했다. 마침 거주하는 지역 인근에 3회 이상 유찰된 물건 하나가 눈에 띄었다. 전용 면적 14평으로 2층에 위치하고 있고 연식은 1991년이었다. 매매가는 5,000만 원으로 형성되어 있었고, 3,450만 원에 낙찰받았는데 경락잔금 대출을 제외하면 세전 실투자금은 150만 원이 되었다.

월세는 보증금 1,000만 원에 25만 원으로 임대를 내놓은 상

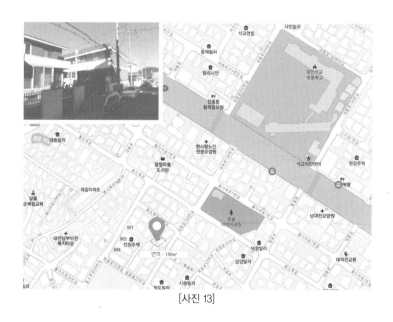

[사진 13]

태로 해당 물건의 입지를 살펴보면 인근에 지하철도 없을 뿐더러 호재가 될 만한 개발 소재도 존재하지 않았다. 그러나 매수 가격이 낮은 반면 월세 수준이 매매가 대비 높은 수준이라는 점에서 만족스러운 투자가 되었다. 150만 원으로 시세차익과 동시에 보유 중에도 적지만 임대 수익을 올릴 수 있게 된 것이다.

서울 전역을 규제 지역으로 지정한 정부의 부동산 정책은 '실수요자가 아니라면 더 이상 집을 사지 말라'는 경고를 한 것이나 다름없다. 대출 강화 규제의 요지는 대출 증가를 억제하고 다주택자를 중점적으로 관리하겠다는 뜻이다. 이는 곧 무주택자가 경매 시장에서 좋은 물건을 낙찰받기에 가장 유리한 타이

감정가   4,700만 원
시 세   5,000만 원
낙찰가   3,450만 원
대 출   2,300만 원
_____

내 돈   1,150만 원(각 종 세금 및 등기이전 비용 제외)
보증금   1,000만 원 /월세 25만 원(실투자금: 150만 원)

	최초 1년 거치 시(만 원)		1년 거치 후(만 원)
월세(연 월세)	25(300)	월세(연 월세)	25(300)
대출이자 3.7% (연 이자)	7(84)	대출이자+원금분할 상환액(30년)	14(168)
월 수익(연 수익)	18(216)	월 수익(연 수익)	11(132)
연 임대수익률	144%	연 임대수익률	88%

밍이라는 결론이 나온다. 통계청 자료를 보면 2015년과 2016년 사이에 우리나라의 일반 가구 수는 자가 보유자 수보다 약 22만 가구 이상 증가한 것으로 나타났다. 바꿔 말하면 집을 구매해야 하는 무주택자들의 가구 수가 상대적으로 늘어났다는 뜻으로 해석할 수 있는 것이다.

9·13 부동산 정책은 실수요자를 위한 정책 위주로 구성된 만큼 경매 투자 전략도 그에 발맞춰 계획을 세우면 될 것이다. 경매 투자는 투자 물건의 매매가와 전세가를 비교해 가격 차이가 적은 것일수록 연 임대 수익률을 높일 수 있다.

서울의 낙찰가율이 2018년 들어 꾸준히 낮아지고 있는 지역을 찾아 적정 수준에서 입찰하면 시세차익도 노려볼 만할 것이다. 서울에서 매매가 대비 월세 수준이 높은 물건을 찾기란 어렵지만 낙찰가와 전세가의 차이가 적거나 같은 물건은 찾을 수 있다. 실수요자 입장에서는 경매 시장에서 규제 지역과 규제 제외 지역별로 투자 전략을 달리해 접근해야 수익을 극대화할 수 있는 방법이 될 것이다.

서울에서 공인중개사로 활동하고 있는 이영아 씨는 독학으로 경매를 공부하며 입찰을 시도했다. 그러나 매번 차순위로 고배를 마시게 되었고 결국 나를 찾아와 교육을 받게 되었다. 과정 1주차 만에 관악구 신림동에 있는 빌라로 봉천역과 신림역

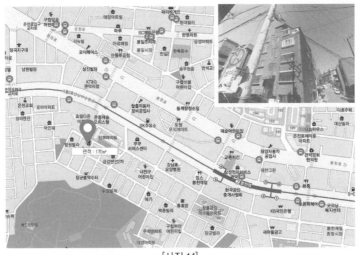

[사진 14]

사이에 위치한 물건을 낙찰받았다[사진 14]. 대로변이 코앞인데다 전월세 수요가 꾸준해 임대 걱정은 하지 않았다. 공인중개사사무소에 집을 내놓은 시각이 오전인데 오후에 곧바로 계약이 성사되었으니 말이다. 해당 빌라는 13평이 조금 넘는 2층 빌라로 연식은 1994년으로 1억 6,084만 원에 낙찰받아 전세 1억 6,000만 원에 계약했다. 결국 투자한 금액 모두를 회수한 셈이다. 그런데 전세 금액은 다시 돌려줘야 하는 돈 아니냐고 반문하는 사람이 있을 것이다. 하지만 투자자 입장에서는 목돈을 활용해 또 다른 수익을 창출할 수 있음으로 시간을 버는 것과 동일하다.

초보자에게 틈새 투자란 개발 예정지나 어려운 권리를 파혜

처 고수들과 싸우는 투자가 아님을 말해주고 싶다. 절대적인 수치로 얻는 시세차익보다 제2의 투자를 준비할 수 있는 자본 운용 능력이 이기는 투자 전략의 중요한 변수가 됨을 알아야 한다. 돈이 없을수록 쉽고 빠르게 돈을 벌어야 하는 것은 바로 이 때문이다.

9·13 부동산 대책으로 인해 많은 다주택자들이 임대사업자 등록을 서둘렀다. 정부는 번복을 하면서까지 일부 혜택을 거둬들이기는 했지만 다주택자들 입장에서는 역시 파는 것보다 보유하는 것이 세금 부담을 줄일 수 있게 되었다. 자녀에게 증여나 상속을 통해 세금을 줄이는 방법을 택한 이들도 많다. 이렇게 되면 구매 욕구를 자극할 만한 매물은 당장 시장에 나오지 않게 되고 매물 잠김 현상이 나타난다. 결국 주거 환경이 좋은 곳에서 실수요자들이 구매할 수 있는 주택의 수는 한정적일 수밖에 없다.

정부가 공급하는 주택의 주거 환경은 기대치에 못 미치는 사례가 많은 것이 사실이다. 경매 투자자는 이 점을 잘 이용하는 것이 중요하다. 매물이 위치한 곳의 거주 환경과 인프라가 부족함 없이 잘 구축되어 있는 지역의 부동산이라면 투자 대상으로 여겨도 좋을 것이다. 1~2년 전에 비해 시세가 하락했더라도 더 이상 내려가지 않는 가격 선을 찾아 공략하면 수익 창출로 연결시킬 수 있는 것이다.

강남에서 직장생활을 하고 있는 33세 이지영 씨는 실투자금 350만 원으로 5,000만 원의 시세가 형성되어 있는 아파트 한 채를 갖게 되었다[사진 15]. 충북 제천에 있는 아파트로 실제 감정가는 4,900만 원이었고 전용 19평의 연식이 1985년이었다. 보증금 1,000만 원에 월세 30만 원을 받을 수 있는 물건으로 도청이 소재해 있고 아파트 단지들이 즐비했지만 몇 년 사이 1,000만 원 이상 시세 하락이 이어진 곳이었다. 이런 평을 들으면 대부분 투자할 의욕을 잃게 되는데 이럴 때일수록 더 자세히 알아볼 필요성이 있다.

입찰 전 조사를 진행하면서 알게 된 사실은 해당 물건의 매매가가 1,000만 원 이상 떨어졌지만 정작 주인들이 매물을

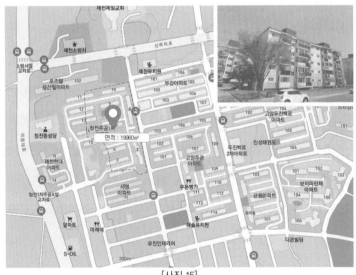

[사진 15]

감정가 　 4,900만 원
시　세 　 5,000만 원
낙찰가 　 3,750만 원
대　출 　 2,600만 원

내　돈 　 1,150만 원(각 종 세금 및 등기이전 비용 제외)
보증금 　 1,000만 원 /월세 30만 원(실투자금: 150만 원)

	최초 1년 거치 시(만 원)		1년 거치 후(만 원)
월세(연 월세)	30(360)	월세(연 월세)	30(360)
대출이자 3.7% (연 이자)	8(96)	대출이자+원금분할 상환액(30년)	16(192)
월 수익(연 수익)	22(264)	월 수익(연 수익)	14(168)
연 임대수익률	176%	연 임대수익률	112%

5,000만 원 이하로는 내놓지 않는다는 것이었다. 즉 거래가 성사되려면 5,000만 원 선에서 협의가 되어야 가능한 매물이었다. 투자를 못하는 사람의 특징은 오르고 있다는 소식을 듣고 나서야 투자를 한다는 데 있다. 부동산으로 돈을 버는 사람은 가격이 하락하고 비관적일 때 헐값으로 사들인다. 남들이 쳐다보지 않을 때가 가장 좋은 기회인 것임을 아는 것이다.

전체적인 그림을 그리고 수요자들이 원하는 집을 면적별로 접근하면 초기에 목돈을 마련하는 것이 어렵지 않다. 소형 평수는 1~2인 가구가 수요자가 될 것이니 임대 수익을 목적으로 접근하는 것이 좋다. 중대형 평수는 4인 이상 가구가 수요자가 될 것인데 대부분 해당 지역에 오랫동안 거주할 실거주자들이다. 소형 평수는 매매가가 낮지만 월세 수준이 높은 물건이 돈이 되고 중대형 평수는 임대 수익보다 매도할 때 돈이 될 수 있다.

무작정 싸다고 해서 낙찰받는 무리수는 두지 않아야 한다. 면적별로 경매 물건을 공략하려면 서울과 수도권 일대를 벗어나는 것이 가성비를 높일 수 있다. 먼 거리라고 해서 이것저것 가리게 되면 없는 돈으로 돈을 버는 일은 점점 멀어진다. 자신이 최선을 다할 수 있는 물건을 공략해 최대한 빨리 낙찰을 받아 임대와 매매 행위를 경험하는 것이 중요하다.

규제는 다주택자들을 겨냥한 정책에서 나온 것이다. 지금과 같은 시기에는 규제 지역에서 여러 채를 반복적으로 사지 못하는 상황이다. 매매 사업자를 이용해 정상적인 부동산 매매사업을 하는 것이 좋다. 내야 할 세금은 내고 사고파는 행위를 반복함으로써 수익을 창출하는 것이다.

매매사업자를 활용하면 대출 규모의 폭도 넓어지는 이점도 있다. 매수 종목도 주거시설 뿐만 아니라 상업 시설을 염두에 두는 것도 수익률을 높일 수 있다. 매수 지역에 대한 범위를 전국적으로 넓힌다면 운신의 폭도 넓어질 것이다. 경매 투자는 실수요자들이 선호할 만한 주거 환경을 갖춘 곳을 공략하면 낙찰 후 공실에 대한 우려도 줄일 수 있다. 흔히 교통과 입지는 가장 중요하게 여기는 투자 요건이지만 교육 환경이 갖춰져 있다면 교통 시설이 다소 부족하더라도 이를 어느 정도 대체할 수 있는 것으로 봐도 무방하다. 경매 시장은 지금 받는 월세 수익보다 시세차익을 보고 전략을 구사할 수 있는 기회가 있는 곳이다. 소액으로 투자를 시작하는 사람이라면 규제 지역을 벗어나 실수요자를 고려한 투자 계획을 세워 공략하면 좋은 성과를 얻을 수 있다.

아무도 쳐다보지 않는
물건부터 찾아라

멈춰서 두려움에 떨게 만드는 모든 경험을 통해 강인함, 용기, 자신감을 얻는다.
이런 공포를 이겨냈으니 다음에 오는 것도 문제없다고 스스로 되뇌일 수 있게 된다.
따라서 할 수 없다고 생각되는 일을 하라!

_ 엘리노어 루즈벨트

세상에서 가장 어려운 일은 눈앞에 보이는 것보다 보이지 않는 것을 믿는 것이다. 부동산에서 돈을 벌기 위해서는 보이지 않는 것을 볼 줄 아는 능력을 키우는 것이 중요하다. 여기서 보이지 않는 것의 의미는 개발호재를 뜻하는 것이 아니다. 물리적으로 눈에 보이는 모양새가 형편없더라도 좋은 수익률을 낼 수 있는 물건인가 따져볼 줄 알아야 한다는 말이다.

학창시절에 옷차림이 허름한 친구와 늘 잘 차려 입고 다니는 친구가 있었다. 나중에 알고 보니 허름한 옷을 입고 다니는 친구는 부모가 부자였고 속도 깊은 친구였다. 그러나 잘 차려 입고 다니는 친구는 겉모습만 화려할 뿐이지 속빈 강정과도 같았다. 사람은 만나기 전에 겉모습만 봐서는 절대 알 수 없다.

응찰자 : "사장님, 안녕하세요, 35번지 2층 201호 한국빌라 때문에 전화 드렸어요."

중개사 : "경매 물건? 세도 안 나가고 가격도 많이 떨어졌는데 뭐하러 하세요? 차라리 그 물건 대신 내가 더 좋은 물건 소개시켜 줄게요."

응찰자 : "뭔데요?"

중개사 : "아파트인데 빌라를 사는 것보다 이거 사는 게 훨씬 낫지요."

나는 이렇게 공인중개사가 '나쁘다'는 평가를 내리는 부동산에 관점을 바꾸어 눈여겨보라고 말한다. '나쁘다'는 평을 들으면 사람들은 대부분은 금방 실망하고 뒤돌아서게 된다. 더 조사하고 싶은 마음도 어느새 들지 않고 공인중개사의 말에 공감하며 흔들리고 있는 자신의 모습을 발견하게 된다. 투자를 망설이던 차에 '잘됐다' 싶은 마음까지 드는 것이다.

어떤 분야든 초보일수록 전문가의 말이라면 일단 수긍하게 된다. 더욱이 그 지역의 부동산 전문가가 하는 말이니 더 믿을 수밖에 없을 것이다. 사람들은 전문가가 하는 말이면 일단 귀를 기울이고 신뢰한다. 배가 아파 병원을 가더라도 의사가 내리는 진단과 처방을 믿고 치료를 받거나 약을 먹는다. 하지만 모든 의사가 진단과 처방을 제대로 하는 것은 아니다.

과정 2주 만에 용인에 있는 아파트를 낙찰받은[사진 16] 50대 주부 김용희 씨가 있다. 입찰 전 현장답사를 위해 인근 공인중개사무소를 방문했는데 그 공인중개사는 용희 씨가 관심 있게 보는 경매 물건을 저평가하며 부정적인 의견을 내놓았다. 오히려 낙찰을 만류하기까지 했는데 역시 이 공인중개사는 같은 물건에 입찰했다. 다행히 용희 씨가 입찰에 성공했고 순조롭게 명도까지 마칠 수 있었다.

투자금이 넉넉하다면 굳이 경매 시장에 들어오지 않아도 된다. 하지만 돈이 없는 입장에서 최소 투자로 최대 수익을 원한

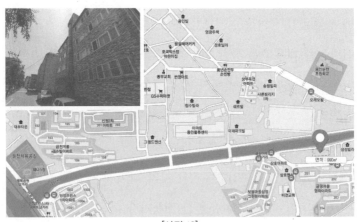

[사진 16]

다면 남들이 비관적으로 바라보는 부동산의 장점을 발견할 수 있어야 돈을 벌 수 있다. 나쁜 평이 많을수록 경쟁률은 낮아지고 경쟁률이 낮아지면 낙찰가도 낮아지게 마련이다. 이는 내가 투자해야 하는 돈의 양이 적어질 수 있음을 의미한다. 가성비가 좋다는 뜻이다.

가성비란 투자한 금액에 비해 이득을 보는 돈의 양이 더 많다는 것이다. 낙찰가율이 낮으면 투입되는 돈의 양도 최소가 되기 때문이다. 적은 돈으로 경쟁에서 이기는 방법은 간단하다. 남들이 꺼려하는 먹이를 찾아 공략하는 것이다. 잘 먹지 않는 이유는 보기에 먹음직스럽지 않기 때문이다. 보기 좋은 떡이 먹기도 좋다는 말이 있지만 경매 시장에서는 반대의 관점으로 바라봐야 한다. 보기에 좋은 떡은 먹을 것이 없다. 보기에 좋지 않고 듣기에 나쁜 평을 내리는 물건을 찾아라. 보는 눈과 듣는 귀를 재정비하면 외관이 못생긴 부동산에 대해 인식의 범위가 넓어진다.

긍정적이게 평가되는 물건의 특징은 역세권이거나 주변에 편의시설이 잘 갖추어진 곳에 위치하는 것이 일반적이다. 입지적으로 좋은 물건은 누구나 보면 알 수 있는 곳에 노출되어 있다. 초보자가 경매 투자를 시작할 때 가장 먼저 보는 것은 입지다. 수도권의 경우 투자 대상이 지하철역과 얼마나 가까운 곳에 자리 잡고 있는지 보게 된다. 이는 부동산에 투자하기 전에 누구나 접근하는 방식이다. 돈이 많지 않은 입장에서 나보다 돈이 많은 사람들과 경쟁해야 한다면 당연히 이들과의 경쟁을 피하는 것이 유리하다. 똑같이 볼 수 있고 똑같이 좋다고 평가되는 부동산이 있다면 경쟁률은 당연히 높아지지 않겠는가.

거꾸로 누구나 볼 수 없고 누구나 좋은 평을 내리지 않는 부동산이 있다면 어떻겠는가. 초보자들은 거들떠 볼 생각조차 하지 않는다. 없는 돈으로 큰돈을 벌 욕심만 앞서기 때문이다. 입지가 다소 처지고 대부분의 공인중개사들이 나쁘게 평가하더라도 들여다보고 시세를 확인할 생각부터 하는 것이 좋다. 이는 초보자가 돈이 되는 물건을 고르는 첫걸음이다.

40대 이선주 씨는 경남 함안군에 위치한 아파트를 낙찰받았다[사진 17]. 1992년 식으로 전용 면적 17평으로 2층에 위치했고, 매매가는 6,000만 원, 보증금 1,000만 원에 월세 30만 원의 시세가 형성되어 있었다. 역세권도 아니고 버스 터미널에서도 한참 들어가야 하는 곳이었는데 낙찰 금액과 수리비, 세금을 모두 포함에 5,500만 원 정도가 소요되었다. 수리 도중 6,000만 원의 전세 계약을 맺고 여유 있게 인테리어를 마무리했다.

사람들은 역세권이 아니거나 교통 여건이 좋아 보이지 않을 경우 당연히 수익을 내기 어려운 물건으로 단정 짓는다. 투자금이 적은데도 역세권의 물건이나 교통 여건 등이 좋은 물건에만

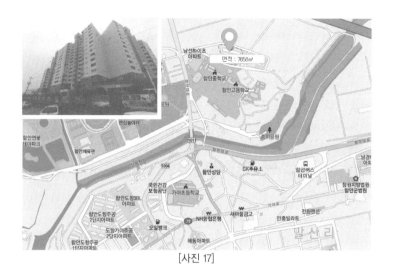

[사진 17]

집착한다면 매번 패찰의 쓴맛을 보아야 할 것이다. 낙찰이 된다고 하더라도 높은 매각가율을 예상하고 입찰해야 한다. 낙찰가가 높아지면 수익률은 그만큼 낮아진다. 돈이 없을수록 경쟁률을 피하고 남들의 눈에 덜 띄는 곳을 주목한다면 좋은 성과를 얻을 수 있음을 기억하자.

공인중개사들이 내리는 평가가 모두 옳은 것은 아니다. 중개해 보지 않았거나 해당 지역에서 오래 운영한 것이 아니라면 정보의 진위 여부를 잘 가릴 수 있어야 한다. 물론 모두 그런 것은 아니지만 가끔 해당 지역의 중개사가 경매 물건을 직접 입찰하기 위해 의도적으로 나쁜 평가를 내리는 경우도 있다. 실제로 교육생 여러 명이 공인중개사와 같은 물건을 입찰한 사례가 꽤 많았다. 그들은 경쟁자들이 낙찰가를 낮게 쓰도록 시세가 낮다는 정보를 제공해 경쟁률을 떨어뜨리기도 한다.

감정가　6,600만 원
시　세　6,000만 원
낙찰가　5,135만 원
대　출　3,600만 원

내　돈　1,535만 원(각 종 세금 및 등기이전 비용 제외)
보증금　1,000만 원 /월세 30만 원(실투자금 : 535만 원)

	최초 1년 거치 시(만 원)		1년 거치 후(만 원)
월세(연 월세)	30(360)	월세(연 월세)	30(360)
대출이자 3.7% (연 이자)	11(132)	대출이자+원금분할 상환액(30년)	21(252)
월 수익(연 수익)	19(228)	월 수익(연 수익)	9(108)
연 임대수익률	42%	연 임대수익률	20%

　돈이 되는 물건 앞에서는 누구나 욕심이 나는 법이고 자율 경쟁이니 투자자 스스로 판단하는 능력을 키우는 것이 중요하다. 이런 능력을 키우는 가장 쉬운 방법은 상대가 나쁘게 평가할수록 "이 물건이 돈이 되서 그런가?"라는 의구심으로 접근해 보는 것이 좋다. 조사하는 과정에서 돈이 되는지 안 되는지 자연스럽게 드러나게 되어 있기 때문에 꼭 나쁘게 평가되는 물건부터 자세히 살펴보는 것이 중요하다. 그러면 내가 모르는 의외의 위치에서 돈이 되는 물건을 만날 수 있을 것이다.

소형 아파트는
불황에도 살아남는다

성공이 그렇게 달콤한 것은 결코 성공하지 못한 사람들이 있기 때문이다.
_ 에밀리 디킨스

오르는 물가보다 벌어들이는 소득의 양이 적으면 자연스럽게 지출은 움츠려들 수밖에 없다. 외식이 뜸해지면서 음식점은 예전보다 손님이 눈에 띄게 줄어드는 것을 볼 수 있다. 자영업이 매출 부진으로 문을 닫는다는 가게도 많아지고 청년층의 취업률 역시 해가 갈수록 감소하고 있다.

경기가 불황일수록 사람들은 나가는 돈을 줄이기 시작하고 투자 심리까지 위축된다. 이렇게 불황일 때 부동산 시장에서는 환금성이 좋은 종목에 투자하는 것이 돈의 흐름을 빠르게 회전시킬 수 있는 대안이 된다. 환금성은 빌라보다 아파트가 유리한 측면이 있다. 살기 편리하고 대다수의 사람들이 선호하는 주거 유형이기 때문이다. 여기서 말하는 소형 아파트는 전용 면적 59m²이하의 주택을 말하는데 매매가 대비 월세 수준이 좋은 아파트를 뜻한다. 규모면에서도 수요층이 두텁고 가격도 높지 않다는 것이 장점이다.

요즘 세대들은 싼 가격보다 자신에게 꼭 가치 있다고 생각하면 구매한다. 예전처럼 단순히 저렴하다는 이유로 돈을 함부로 쓰지 않는다는 뜻이다. 경매 시장에서 가치 중심의 투자에 적합한 종목이 바로 소형 아파트다. 원하는 타이밍에 비교적 잘 팔리는 부동산인데다 금액적인 협상도 조율하기 쉬운 편에 속하기 때문이다. 경매 투자로 돈이 되는 소형 아파트를 고를 때에는 되도록 세대수가 많은 대단지 아파트는 피하는 것이 좋다. 굳이 경쟁률이 높은 곳에 들어가 높은 낙찰가를 쓸 필요는 없기 때문이다.

어떤 사람들은 큰 차익을 노리고 낮은 입찰가를 제출하고 패찰하기도 한다. 그들은 높은 낙찰가를 쓴 최고가 매수인에게 던지는 한 마디가 있다. "뭐가 남는다고 저렇게 높게 쓰는 건지……." 매각가율이 높을 것을 알면서도 입찰하는 것은 시간 낭비를 자초하는 것이나 다름없다.

소형 아파트 중에서도 나 홀로 아파트가 경매 물건으로 나왔다면 눈여겨 볼만하다. 나 홀로 아파트는 일반 주거 밀집 지역이나 여러 아파트 단지 사이에 끼어 있는 아파트를 말한다. 평균 100가구가 안 되는 1~2개 동짜리 아파트인데 대단지 아파트에 비해 연계된 편의시설이 갖추어지지 않았다. 도심지가 아니라면 교통시설이 열악해 접근성마저 떨어진 아파트도 있다. 앞서 언급한 내용을 유심히 살펴본다면 어떤 느낌이 드는가. 초보자라면 투자하고 싶은 생각이 들지 않을 것이다. 아파트는 미래에 가격이 오를 것을 염두에 두고 낙찰가를 높게 쓰는 경향이 많다. 하지만 나 홀로 아파트는 주변 환경이나 기반 시설 부족으로 인해 시세가 낮다는 점을 감안해 매각가율이 높지 않은 것이 특징이다.

경기도와 지방에 위치한 1~2억 원 대의 소형 아파트를 공략하는 것이 투자대비 가성비가 좋다. 오르지 않아도 더 이상 떨어지지 않는 저점을 찾아 그보다 낮은 가격에 입찰하면 되팔 때 돈을 벌 수 있는 기회가 되는 것이다.

소형 아파트는 오피스텔에 비해 세금이나 관리비가 저렴하다. 소형 아파트의 취득세는 1%인 반면 오피스텔의 취득세는 4%로 책정되어 있다. 양도할 때의 세금도 오피스텔이 소형 아파트보다 4배가 비싸다. 오피스텔은 건축법상 주거 용도가 아닌 상업 용도로 분류되기 때문이다. 소형 아파트는 임대수익률 또한 연 두 자리 숫자를 넘어서고 집값이 떨어져도 낙찰가 이상의 일정 수준을 유지할 수 있다는 점에서 안정적인 시세차익을 기대할 수 있다.

현 정부가 들어서면서 부동산 대출 규제 강화가 더욱 심화되었지만 오히려 어려운 시기에 소액의 목돈을 쥐고 있는 사람들에게는 경매 투자가 유리하다. 이를 위해서는 매매가 대비 월세 수준이 높은 물건을 찾는 데 주안점을 두고 투자에 임해야 할 것이다. 물론 물건을 추려내는 방법 중 하나는 연식이 비교적 오래되고 접근성은 다소 떨어지나 입주민들 사이에서 살기 좋다는 평이 나 있는 아파트를 조사해 보면 된다. 생각보다 연식에 비해 튼튼하고 내부구조가 잘 구성된 아파트를 볼 수 있을 것이다.

올해 5월, 강원도에서 직업 군인으로 근무하는 27세 김진호 씨는 경기도 가평에 있는 나홀로 아파트 한 채를 낙찰받았다 [사진 18]. 1992년 식으로 전용 면적 18평으로 13층 중 3층에 위치했다. 물건을 선정할 당시에는 그저 그런 정도의 평범하고 낡은 아파트에 지나지 않았는데, 현장을 방문한 결과 나온 매물이 없어 나오기만 하면 계약이 되는 상황이었다.

매매가는 1억 원으로 시세는 1억 1,000만 원까지 형성되어 있었고 보증금 1,000만 원에 월세 55만 원으로 매매가 대비 월세 수준이 높은 물건에 속했다. 8,353만 원에 낙찰을 받아 시세

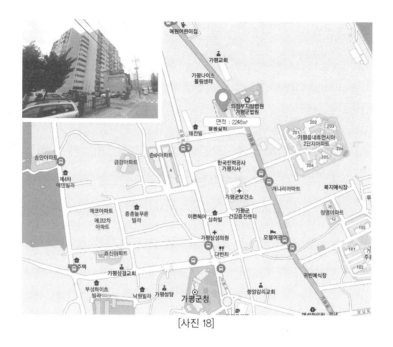

[사진 18]

차익까지 기대하게 되었는데 이같이 불황 속에서도 매물이 없는 곳은 항상 존재하기 마련이다. 지방 어느 지역에서도 실수요자가 주로 찾는 매물이 있기 마련이고 그들을 고려한 투자를 이어간다면 분명 실패할 확률은 제로에 가까울 것이다. 노후되고 세대수가 적을지언정 그 매물에 맞는 수요층은 반드시 존재하기 때문이다.

경기 침체기에 가성비 좋은 소형 아파트를 고르는 기준 중 하나는 해당 물건지 인근에 상업 지역이 인접해 있는지를 보는 것도 좋다. 주거 밀집 지역을 등지고 모텔이나 유흥업소가 모여 있는 곳이라면 투자를 망설이는 사람이 있지만, 상업지구가 활성화될수록 소비 인구는 모이게 되고 인접해 있는 거주민들의 생활 반경도 한층 다양해지게 된다.

소비 활동이 활발하면 장사하고자 하는 사람들도 타 지역에서 몰려오게 된다. 결국 사업장과 가까운 주거지를 찾아 이사를 오는 경우도 생기게 되는 것이다. 이런 입지에 있는 소형 아파트는 교통이 불편하거나 편의시설이 잘 갖추어져 있지 않다고 해도 찾는 수요가 풍부하다. 이동의 불편함이 있더라도 인구가 모이기 시작하면 경제 활동 또한 풍부해진다. 여기서 유의해야 할 점은 상업지구가 형성된 입지에 지하철역이 있는지 확인해야 한다. 경매 물건이 역세권은 아닐지라도 인접한 상업지구가 역세권을 끼고 있어야 안정적인 유동 인구가 확보될 수 있다.

감정가   9,700만 원
시 세   10,000만 원
낙찰가   8,353만 원
대 출   6,200만 원

내 돈   2,153만 원(각 종 세금 및 등기이전 비용 제외)
보증금   1,000만 원 / 월세 55만 원(실투자금 : 1,153만 원)

	최초 1년 거치 시(만 원)		1년 거치 후(만 원)
월세(연 월세)	55(660)	월세(연 월세)	55(660)
대출이자 3.7% (연 이자)	19(228)	대출이자+원금분할 상환액(30년)	36(432)
월 수익(연 수익)	36(432)	월 수익(연 수익)	19(228)
연 임대수익률	37%	연 임대수익률	19%

올해 통계청과 고용노동부가 발표한 자료에 의하면, 향후 20년 후 사회 트렌드를 주도할 층은 밀레니얼 세대라고 한다. 이들은 22세부터 37세 사이의 연령대로 월 평균 소득이 278만 원이다. 전체 인구의 20% 이상을 차지하는데 소비 시장에서 차지하는 파워는 인구 비중보다 훨씬 크다. 사실상의 '구매 결정권'을 밀레니얼 세대가 쥐고 있어 '역사상 가장 강력한 소비 세대'로 지칭받고 있다.

밀레니얼 세대는 공간의 규모가 크지 않고 자신에게 가치가 있다고 여겨지는 장소를 택해 주거생활을 영위한다. 이러한 세대들의 특징을 잘 이해하면 투자 범위가 구체적으로 좁혀진다. 소형 평수이면서 관리비 부담이 적은 것은 기본이며 거주지 내에서는 최소한의 의식주 생활만 하고 나머지 활동은 거주지 밖에서 이루어지는 라이프스타일인 것이다. 도심지의 역세권이 아닌 경기도와 지방에 위치한 부동산 투자는 소비 시장을 좌우하는 세대를 타깃으로 공략하는 것이 수익률을 확보하는 방법이다.

미국의 금리 인상은 우리나라의 상황과 맞물려 대출 규제 강화를 불러일으켰고, 그로인해 일부 지역의 공급 물량 과잉이 우려되고 있는 실정이다. 경기 침체가 지속될 것으로 예상되는 가운데 문재인 정부의 부동산 대출 규제는 한 마디로 실 거주 목적이 아니라면 부동산을 구매하지 말라는 뜻으로 해석할 수 있다. 하지만 부동산 또한 사고파는 상품인데 이런 행위 자체를 규제한다는 것은 올바른 정책이라고 말할 수 없을 것이다.

투자자 입장에서는 국가의 이런 규제에 대응하기보다 활용하는 방향으로 목표를 세워야 승산이 생긴다. 정부가 규제하는 타깃은 금액이 일정액 이상을 넘는 고가의 주택과 다주택자들이다. 그런 측면에서 소형 아파트는 세금 부담이 적고 거래도 비교적 양호하다는 점에서 투자 가치가 존재하는 것이다.

좋은 수익률을 확보할 수 있는 물건을 찾아내기 위해서는 규제를 벗어난 지역에서 해답을 찾을 수 있다. 지역별로 매매가에 비해 월세 수준이 현저히 떨어지는 곳도 많다. 이는 보유하고 있을 때 수익을 얻지 못하고 오히려 원금 분할상환액을 고려할 때 손해를 볼 수 있다. 반대로 매매가에 비해 월세 수준이 높은 곳은 임대 수익률도 좋고 매년 원금의 일정액을 상환할 때에도 부담이 없다.

경기가 불황일 때 사람들은 지갑을 꺼내지 않는다. 가격 비교에 민감해지고 얼마라도 더 깎고 싶은 심리가 강해진다. 경매 시장에서도 이런 심리는 작용한다. 감정가보다 떨어진 시세를 기준으로 입찰가를 한 푼이라도 더 낮추려는 욕구가 두드러지게 나타난다. 이런 시기가 오히려 적은 돈을 투입해 적정 수익률을 확보하기에 가장 좋다. 예전처럼 시세차익을 크게 볼 수 있는 상황은 아니지만 남들이 눈여겨보지 않는 물건을 잘 찾아내면 만족할 만한 수익을 창출할 수 있다. 부동산의 종류에 따라 월세 혹은 전세 계약을 통해 수익형과 재투자의 여건을 잘 구성하는 것이 투자의 성패를 좌우할 것이다.

집값 1,000만 원
올려 받는
인테리어 비법

집을 돋보이게 하는
컬러 정하기

색채는 훨씬 더 설명적이다. 시각에 대한 자극 때문이다. 어떤 조화는 평화롭고,
어떤 것은 위로를 주며, 또 어떤 것은 대담하여 흥분을 일으킨다.

_폴 고갱

'구슬이 서 말이라도 꿰어야 보배'라는 말이 있다. 우리가 쓰는 색은 정말 많지만 이 수많은 색을 적재적소에 손쉽게 다루는 사람은 그리 많지 않다. 그러나 인테리어를 할 때 컬러를 어떻게 다룰 것인지에 대한 명확한 기준만 세운다면 어떤 집이든 매력적인 공간으로 탈바꿈시킬 수 있다.

경매로 낙찰을 받고 나면 임대를 내놓기 전에 수리하는 과정을 거친다. 이때 비용을 무조건 아끼다 보면 돈에 맞춰 마감재를 선택하게 되는데 이렇게 하다 보면 당연히 집 분위기는 단조로워 보일 수밖에 없다.

사람은 누구나 첫 인상을 중요하게 여긴다. 세입자가 집을 구경하러 온 순간 반하게 만들어야 '과연 계약이 언제 될까?' 하는 고민 자체를 하지 않게 된다. 컬러를 잘 사용하는 방법은 무엇일까? 단순히 집을 빌려주는 입장에서 수리하지 말고 내가 그 집에서 살고 있다는 입장에서 바라보면 쉬워진다.

부동산을 임대하거나 매매를 하는 일은 일종의 비즈니스임을 잊지 말아야 한다. '고객의 관점'에서 보기 시작하면 컬러를 선택할 때 훨씬 쉬워지는 경험을 하게 될 것이다. 다시 말해 세입자가 기대하는 것이 무엇일지 가늠할 수 있다면 그만큼 계약 확률은 수직 상승한다는 말이다.

나는 5년 전 용인에 있는 허름한 단독주택 하나를 낙찰받았다. 넓은 마당이 있고 허름한 창고가 딸린 2층 집인데 연식이 너무 오래되어 수리할 일이 막막했다. 단독주택의 유일한 단점은 수리 비용이다. 손댈 곳이 한둘이 아니기 때문이다.

이 주택은 연식이 1989년 정도 되었던 것으로 기억하는데 천장이나 벽면 장식이 가장 큰 문제였다. 단독주택은 아무 전략도 없이 수리할 경우 오히려 돈을 쏟아붓는 사태가 발생하기 때문에 이럴 때에는 가장 눈에 거슬리는 컬러가 어떤 부분인지 먼저 확인한다. 예를 들면 벽지가 분홍색 바탕에 꽃무늬로 가득 차 있는 경우가 있다. 어릴 적 불량식품을 연상케 하는 색상으로는 세입자의 눈길을 끌지 못한다. 이때에는 바탕색만 없애면 된다. 화이트 바탕에 크지 않고 잔잔한 패턴의 꽃무늬가 고급스럽다. 무늬와 색상의 조화만 잘 알아도 같은 비용으로 눈에 띄는 집을 만들 수 있다.

[사진 19] 리모델링 전

[사진 20] 리모델링 후

[사진 21] 리모델링 전

[사진 22] 리모델링 후

[사진 23] 리모델링 전

[사진 24] 리모델링 후

한눈에 꽂히는 컬러는 옷이든 그림이든 강한 자극을 불러일으킨다. 강한 자극은 시각적으로 눈이 시릴 정도의 강한 인상을 주게 되는데 강한 컬러라고 해서 단순히 진한 색을 뜻하지 않는다. 미술관에 갔을 때 어떤 그림을 보고 인상적이라고 느낀 적이 있을 것이다. 그 기억은 한동안 두고두고 남아 있게 된다. 이 원리를 이용하는 것이다. 한 번 보면 두고두고 기억에 남는 컬러를 쓰는 것이 좋다.

임차인이 내가 낙찰받은 집을 마음에 들게 하려면 바로 이 지점부터 이해해야 할 것이다. 마음에 드는 집으로 꾸미려면 컬러의 궁합을 잘 알고 있어야 한다. 몸에 좋은 음식끼리도 서로 어울리는 궁합이 있는 것처럼 컬러도 마찬가지다. 서로 잘 맞는 궁합을 선정해 콘셉트를 정하면 세입자들이 살고 싶은 집으로 만들 수 있다. 사람이 집 안으로 들어섰을 때 가장 먼저 시야에 들어오는 부분이 바로 벽면이다. 벽면의 컬러를 전략적으로 잘 공략한다면 세입자의 눈 또한 어렵지 않게 공략할 수 있다.

앞서 언급한 단독주택을 예로 들어보자. 현관문을 열고 들어가니 오래된 체리 색상의 문틀과 문짝이 눈살을 찌푸리게 만들었다. 당시에 유행했던 색상이 체리였으므로 사방 곳곳에 체리 색 뿐이었다. 이럴 때에는 굳이 돈을 들여 바꿀 필요가 없다. 문틀과 문짝은 리폼하거나 새로 교체하는데 드는 비용이 만만치 않기 때문이다. 있는 상태에서 다른 분위기를 내려면 가장 많이 존재하는 컬러와 궁합이 맞는 컬러를 벽지로 선정하면 된다. 가장 쉬운 컬러는 화이트인데 밋밋한 화이트는 저렴한 티가 나기 때문에 피해야 한다. 이런 경우에는 텍스처가 있는 화이트 벽지를 선택해야 공간의 맛을 마음껏 살릴 수 있다.

텍스처란 재료 표면의 미세하게 느껴지는 특유의 재질감을 말한다. 재질감을 살릴수록 공간은 한 층 더 값어치 있게 보인다. 옷의 색상보다 더 중요한 것이 옷감인 것처럼 직접 손으로 만져봤을 때 느껴지는 터치감은 고급스러운 분위기를 연출하기 좋다.

집의 첫인상을 결정하는 현관은 집을 보러온 사람을 가장 먼저 맞이하는 곳이다. 처음 만나는 사람의 첫인상이 중요하듯이 신발장은 현관의 이미지를 결정하기 때문이다. 신발장의 경우 신발장을 둘러싸고 있는 시트의 컬러와 손잡이의 컬러는 보는 이의 눈을 자극하는 디테일한 요소가 된다. 연식이 오래된 집은 신발장의 문짝 표면에 있는 시트가 찢어져 있거나 변색되어 있는 경우가 많고, 손잡이가 몇 개 빠져 있는 경우도 흔하다. 그러나 교체할 정도로 손상된 상태가 아니라면 잘 닦아낸 후 문짝 표면에 광택이 없는 단색의 화이트나 그레이 톤의 시트를 붙이면 시선을 끌 수 있다. 결국 계약을 이끌어내는 기술은 어떤 색을 어떤 조합으로 만드느냐에 따라 힘을 발휘하는 것이다.

인테리어를 하고 임대를 내놓은 지 3일 만에 계약이 성사된 집이 있었다. 인천시 서구 연희동에 있는 전용 17평 수준의 빌라로 수요가 꾸준한 지역이었다. 기존 소유자는 오랫동안 이곳에서 생활하면서 기존 장판을 제거하지 않은 채 바닥 전체에 월넛 톤의 데코타일을 이중으로 덮어 놓았다. 넓지 않은 공간에 어두운 색이 집 전체에 깔려 있으니 답답해 보이는 것은 당연했다. 이럴 때에는 되도록 밝은 톤의 애쉬나 오크를 쓰는 것이 좋다.

눈에 띄었던 것은 신발장이었는데 그나마 화이트 컬러로 구성되어 수리하기 수월하겠다는 생각이 들었다. 부분적으로 뜯김이 있는 곳만 같은 컬러의 재질로 보수하면 되기 때문이다. 나머지는 깨끗하게 닦아 주는 것으로 충분했다. 다만 손잡이도 같은 화이트 컬러에 다소 투박한 느낌의 디자인을 갖고 있었기 때문에 블랙 컬러로 된 작고 동그란 모양의 손잡이를 구입해 교체했다.

[사진 25] **수리 전**   [사진 26] **수리 후**

신발장을 정리했으니 이제 거실로 가 보자. 거실에서 중요한 부분은 각 방으로 들어가는 문과 문틀이다. 간혹 문턱이 있는 집도 있는데 주로 시트 재질로 감싸져 있는 것을 볼 수 있다. 연희동 빌라의 경우 문과 문틀은 연한 푸른색 계열의 페인트로 되어 있었다. 만약 기존의 문이 페이트로 마감되어 있다면 리폼은 수월하게 진행할 수 있다. 그런데 시트인 경우 못생긴 몰딩이라도 붙어 있게 되면 시트로 다시 리폼하는 일이 여간 까다로운 일이 아니다. 수리를 하면서 기존 마감재가 무엇으로 되어 있느냐에 따라 바꿀 재료를 잘 선정해야 시간과 비용 모두 절약할 수 있음을 꼭 기억해 두자.

이 집의 작은 방 같은 경우에는 문에도 격자모양의 프레임 사이사이에 유리가 설치되어 있었다. 이런 종류의 문은 시트로 리폼이 불가능하기 때문에 화이트 색상으로 페인트칠을 하면 된다. 나는 주로 셀프로 수리하는 것보다 시간을 아끼기 위해

[사진 27] **수리 전**   [사진 28] **수리 후**

돈을 주고 전문가에게 맡기는 편이다.

주방은 주부에게 빼 놓을 수 없는 공간이다. 단정하게 정리된 느낌을 주어야 눈길을 사로잡을 수 있다. 음식을 자르고 다듬고 요리를 해야 하는 싱크대는 가장 신경 써야 할 곳이다. 다른 공간이 모두 마음에 들어도 주방이 낡았거나 지저분하면 소용없다. 하지만 임대를 하는 입장에서 싱크대를 통째로 바꾸기

[사진 29] **수리 전**

[사진 30] **수리 후**

란 비용적인 면에서 여간 부담되는 것이 아니다. 싱크대는 크게 몸통과 문짝으로 구분할 수 있는데 원래 문짝은 재질이 비싸고 몸통은 비교적 저렴한 재질이다. 그래서 문짝은 웬만하면 그대로 살리되 컬러만 바꿔서 분위기를 살린다. 예를 들어 문짝이 우드 컬러라면 손잡이는 'ㄷ'자 형의 무광 실버 손잡이가 좋다. 화이트 컬러라면 두 말할 것 없이 둥근 형태나 사각 형태의 블랙 손잡이를 부착하면 된다. 일단 컬러를 정하는 법칙을 이해하고 적용해 보면 누구나 쉽게 따라할 수 있다. 세입자와 계약이 일사천리로 이루어지고 그 느낌을 알게 되면 다음부터는 수리하기도 전에 완성된 그림이 그려지게 된다.

나는 욕실의 경우 크게 파손된 부분이 없으면 청소만 하는 정도로 마무리한다. 연식이 너무 오래되어 부득이 올 수리를 해야 할 경우라면 마음먹고 비용을 들이는 편이다. 주방과 욕실은 사람이 생활하는 데 있어 가장 위생적이고 깨끗해야 하기 때문이다. 세입자 입장에서도 여간 살피는 공간이 아닐 수 없다. 실제 욕실을 올 수리해 한 겨울철에도 한 달이 채 되지 않은 기간에 계약이 성사되기도 했다.

욕실에서 가장 큰 면적은 바닥과 벽인데 바닥은 진한 톤의 그레이 컬러를 쓰고 벽은 화이트를 사용한다. 바닥은 통상 30cm 정각의 타일을 쓰고 벽은 가로 60cm에 세로 30cm 직사

각 형태의 타일을 쓴다. 벽돌 패턴으로 된 타일도 시공이 수월하고 눈에도 잘 들어와 자주 쓰는 편이다. 양변기와 각종 수전들은 둥그스름하고 어정쩡한 디자인보다 각이 지고 바른 모양을 한 디자인을 선택한다. 수건을 넣는 장은 컬러가 있거나 화

[사진 31] 수리 전

[사진 32] 수리 전

[사진 33] 수리 전

[사진 34] 수리 전

이트로 하되 광이 나는 것은 쓰지 않는 편이 좋다. 반짝거리고 광이 나는 제품들은 저렴해 보이기 때문이다.

인테리어는 보는 사람의 관점에서 시작해야 성공한다. 내가 거주해야 한다는 생각을 하면 기능적인 면에서도 신경 쓰게 되기 때문이다. 감성을 자극하는 컬러 선택도 중요하다. 집을 돋보이게 하는 컬러는 정해져 있는데 굳이 현란한 컬러를 쓰지 않아도 무채색 계열을 이용하면 쉽게 해결된다.

젊은 층이라면 화이트와 그레이 포인트로 블랙 컬러를 매치시키면 되고 자녀가 있는 층이라면 각 방별로 그린과 스카이블루, 옐로우 등 발랄한 느낌을 주는 컬러를 적용하면 된다. 또한 연령이 있고 생활 수준이 있는 층이라면 아이보리나 베이지 색상과 연계된 유사 컬러들을 매치시키면 느낌 있는 분위기가 연출된다.

기업들이 상품을 제작하고 판매할 때에 무턱대고 만들지 않는 것처럼 우선 타깃을 정하고 그들의 나이와 소비 형태 등을 고려하여 콘셉트를 잡아야 한다. 타깃을 설정하고 그에 맞는 컬러를 사용하면 계약을 쉽게 이끌어낼 수 있다. 거주할 사용자들이 어떤 컬러에 꽂히는지 사용자 입장에서 연구하다 보면 계약은 계절을 가리지 않고 성사될 것이다.

셀프 인테리어
목록 작성하기

내가 말하는 셀프의 개념은 손수 자르고 붙이는 행위가 아니다. 업체를 선정하고 관리 감독하면서 작업자에게 맡기는 것을 뜻한다. 물론 간단한 일이어서 인력을 동원하기에 애매한 일쯤은 직접 해 보는 것도 나쁘지 않을 것이다. 그러나 단순히 돈을 아끼는 차원에서 모든 작업을 직접 한다면 자신의 노동력과 시간을 온전히 투자해야 하기 때문에 여간 비효율적인 일이 아닐 수 없다. 돈을 지출하는 작업에 강약을 조절하고 사람을 잘 시키는 것이 돈과 시간을 아끼는 지름길임을 알아야 한다.

우선 셀프 인테리어 목록을 작성하기 위해서는 미리 정해 놓은 예산에 맞춰 직접 손볼 범위를 가려내는 것이 중요하다. 표현하고 싶은 스타일이 있다면 예산 안에서 최대 효과를 낼 수 있는 방법을 찾아 준비한 다음 공사를 진행한다. 또한 기능적으로 충분하다면 미관상 만족스럽지 않더라도 꾹 참고 넘어가야 하고 공사 부분이 서로 겹친다고 해도 서로 작업에 방해가 되지 않는다면 함께 진행해 공사 기간을 단축시켜야 한다.

철거 작업

나는 철거 업체를 따로 불러 일하는 편이 아니다. 앞서 언급한 것처럼 가능한 현재의 상태를 활용할 수 있는 방법을 최대한 찾아 작업을 진행한다. 가령 천장의 몰딩이나 걸레받이는 되도록 철거하지 않고 그에 맞춰 벽지를 선택한다. 거실의 이미지 벽은 패브릭이나 벽지로 되어 있는데 도배 시공자에게 부탁해 교체하는 정도로 마무리한다. 각 작업별로 폐자재와 쓰레기가 나오는데 한 곳에 모아 두었다가 철거 업체를 부르면 한 번에 처리할 수 있다. 창틀을 교체할 경우 업체가 수거해 가니 이 부분도 염려할 것은 아니다. 싱크대의 경우에도 마찬가지로 싱크대 제작을 의뢰한 업체에서 기존 싱크대를 수거해 가기 때문에 별도로 철거 업체를 부를 필요가 없다.

[사진 35]

[사진 36]

[사진 37]

목공 작업

일반적인 인테리어 공사의 경우 목공사가 필수적으로 포함되지만 경매 인테리어는 이미 뼈대가 완성되어 있기 때문에 목공 작업을 할 필요는 없다. 거실 천장에 간접 조명 효과를 주기 위해 등박스를 제작한다거나 거실 포인트 벽을 새롭게 만드는 일은 하지 않아야 한다. 간혹 문이나 문틀을 교체하거나 걸레받이를 새로 붙이는 작업을 진행하는데 가급적 하지 않는 것이 좋다.

걸레받이는 벽면을 따라 거실과 방 곳곳에 모두 붙여야 하기 때문에 손이 많이 가고, 몰딩 또한 천장 가장자리를 따라 이어 붙여야 하기 때문에 작업량이 많아진다. 문을 교체하려면 각 방의 문을 모두 통일해야 하므로 모두 바꾸는 작업이 필요하다. 경첩을 떼어내고 시공자를 섭외해 하나하나 문을 매다는 작업을 해야 한다면 이래저래 자재비와 인건비가 추가적으로 들어가게 된다. 새로 만들고 붙이는 작업은 가급적 자제하는 것이 시간과 비용을 절약하는 최상의 지름길이다.

도장 공사

페인트 작업을 뜻하는 것으로 주로 현관문, 방문, 문틀, 창호와 창호 틀, 베란다 벽면과 천장을 공사하는 것으로 이 작업은 흔하게 많이 한다. 특히 거실 천장에 장식되어 있는 몰딩이나 걸레받이의 컬러를 변경하고자 할 때 공사 범위에 포함시킨다.

페인트칠은 기존의 컬러를 바꿀 의사가 있을 때 작업하는 것인데 왜 바꾸고 싶은지 생각하고 진행해야 한다. 기존의 컬러를 유지하기 위해 새롭게 덧칠을 하는 경우가 있고 전혀 다른 컬러를 입히기 위해 도장을 하게 되는데 목재로 된 재질은 유성페인트를 사용하고 시멘트로 구성된 곳은 수성페인트를 사용해야 한다.

방문이나 문틀, 창문과 창틀이 우드로 되어 있으면 유성페이트를 쓰고 베란다 벽면이나 천장처럼 콘크리트로 된 면은 수성페이트를 쓰면 된다. 간혹 결로 현상이 심해 베란다 벽면이나

[사진 38] 페인트칠 전

[사진 39] 페인트칠 후

[사진 40] 몰딩 페인트칠

천장 면이 곰팡이가 심할 때가 있다. 이럴 때에는 탄성코트라는 페인트를 사용해야 결로가 생기는 것을 일정 기간 동안 방지할 수 있다.

방문이나 문양이 있는 거실 중문 같은 경우에는 롤러를 이용해 직접 칠해도 된다. 시트가 붙은 천장 몰딩이나 벽면 걸레받이의 경우 잿소를 먼저 칠한 후에 그 위에 컬러를 칠해야 원하는 효과를 낼 수 있다. 새롭게 하지 말고 리폼을 하는 것이 페인트 작업의 포인트다.

바닥 공사

바닥을 손봐야 하는 공간은 현관과 거실, 각 방 그리고 베란다가 있다. 경매 인테리어에서 바닥에 시공하는 재료는 주로 마루, 타일, 장판이다. 소형 빌라의 경우 거실과 주방, 각 방의 바닥이 대부분 장판으로 되어 있거나 데코타일로 깔려 있다. 아파트의 경우에는 거실과 주방에 우드로 된 마루가 깔려 있고 각방은 장판으로 깔린 경우가 대부분이다. 마루가 깔려 있다면 되도록 그대로 사용하는 방법을 강구하는 것이 좋다. 교체하지 않아도 되는 수준이라면 다소 낡았더라도 비용을 들일 필요가 없기 때문이다. 특히 온돌마루는 철거 비용과 시공하는 비용이 꽤 크기 때문에 보수하는 방향으로 계획하면 될 것이다. 만약 데코타일이 깔려 있다면 모두 걷어 내고 장판으로 까는 것이 좋다. 데코타일은 주로 사무실 바닥에 많이 쓰이는데 집처럼 안락하고 포근한 느낌의 텍스처는 아니다. 딱딱하고 내구성이 높아 신발을 신고 생활하는 장소에 적합하기 때문이다. 비용이나 작업 시간 등을 따져 보았을 때 장판을 까는 것이 여러모로 더 유리하다. 마루보다 장판이 비용 측면에서 유리한 것은 걸레받이를 붙이지 않아도 된다는 점에서 작업 시간과 자재비가 절약된다. 마루를 깐 다음 벽면에 우드 재질의 걸레받이를 붙여야 하지만 장판은 걸레받이 없이 바닥 끝부분에서 벽면 쪽으로 90도 꺾어서 올려줄 수 있다. 걸레받이를 대신하는 것이니 비용도 자재나 인건비 측면에서 아낄 수 있게 된다.

[사진 41] 수리 전 바닥(데코타일)　　　[사진 42] 수리 후 바닥(장판)

타일이 사용되는 곳은 베란다와 욕실 정도다. 베란다는 거의 교체할 일이 없고 그저 이물질 정도만 잘 닦아내고 재사용하면 된다. 문제는 욕실 바닥으로 기능적으로 무리가 없다면 재사용하는 것이 비용을 절약하는 방법이다. 손상이 가는 부분은 대부분 벽면인데 바닥을 굳이 바꾸겠다고 생각이 든다면 철거하지 않고 덧붙이는 것이 좋다. 정석대로 해야지 그게 무슨 편법이냐고 거들먹대는 사람이 있을지도 모르지만 경매로 낙찰받았다는 사실을 잊지 말아야 한다. 최소한의 투자로 최대의 효과를 내려면 일의 과정을 대폭 축소시키고 일의 양을 단순화해야 수익률을 높일 수 있다.

현관 타일은 대부분 교체할 일이 많지 않다. 교체하려면 다른 공간의 바닥 공사를 하면서 함께 작업을 해야 인건비 낭비를 하지 않는다. 타일과 기타 부자재, 그리고 적정 양은 타일가게에 의뢰하면 잘 알려준다. 비용을 지불하고 날짜를 잡으면 시공자가 해당 날짜에 방문해 작업을 완료한다. 자주 언급하지만 같은 작업은 항상 한 번에 끝내야 효율적이다.

필름 공사

스티커의 원리를 이용한 것이 인테리어 필름이다. 접착제가 따로 필요 없이 페이퍼 자체에 접착 성분이 묻어 있다. 필요한 면에 붙이면 되는데 넓고 음양이 심한 면은 셀프보다 전문 시공자에게 맡기는 것이 속 편하다. 인테리어 필름이 사용되는 곳은 붙박이 가구 문짝이나 신발장 문짝, 싱크대 문짝이 있다. 연식이 오래 된 주거시설의 경우 방문턱이 있는 경우가 있는데 패거나 손상이 간 문턱을 필름으로 감싸기도 한다. 문틀도 마찬가지인데 방문은 페인트칠을 하더라도 욕실 문틀을 손봐야 한다면 우선 필름을 붙이는 것을 추천한다. 욕실은 물을 사용하는 공간이라 물이 튀겨 목재로 된 문틀이 썩는 경우가 많다. 직접적으로 물이 닿는 도장보다 방수 역할을 해주는 필름이 훨씬 적합하다.

내가 낙찰받은 아파트의 거실 바닥이 고급 온돌마루로 시공이 되어 있었는데 몇 곳이 움푹 패여 있었다. 인근 장판 가게나 대형 마트 등에 가면 보수용 인테리어 필름지를 판매하는데 이곳에서 적당량을 구입해 움푹 팬 곳에 잘라 붙인 기억이 난다. 필름으로 보수한다는 말에 다소 실망했을 수도 있지만 온돌마루를 철거하고 보수하는 데 드는 비용을 안다면 그런 생각은 아예 들지 않을 것이다.

문과 문틀은 되도록 페인트칠로 하고 필름은 사용하지 않는 것이 아끼는 길이다. 신발장 문짝 표면은 셀프로 붙일 만한 면적이다. 또한 붙박이 가구의 문짝 표면도 일부분이 손상이 되어 있을 수도 있는데 이때 셀프로 작업하는 것이 좋을 수 있다. 하지만 싱크대의 경우에는 이야기가 달라진다. 문짝 개수도 많고 가장자리에 굴곡이 있거나 문짝 표면에 문양이 있어 일반인이 작업하기에는 어렵다. 빌라를 낙찰받고 싱크대를 직접 필름으로 수리한 교육생은 하루 내내 필름만 붙이다 시간이 다 갔다고 했다. 익숙하지 않은 사람은 필름 작업의 양이 많을 경우 전문 시공자를 섭외하는 것이 나을 것이다. 작업 양이 너무 적으면 반나절을 일하고도 하루 인건비를 줘야 하기 때문에 작업량을 명확히 계산하는 것도 비용을 낭비하지 않는 길이다.

[사진 43] **수리 전**

[사진 44] **수리 후**

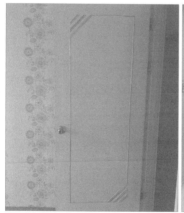

[사진 45] **수리 전**

[사진 46] **수리 후**

가구공사

가구는 싱크대가 가장 큰 비중을 차지한다. 전체를 교체할 것이냐 문짝만 바꿀 것이냐 하부만 바꿀 것이냐 상부만 바꿀 것이냐를 잘 따져봐야 한다. 대부분 통일되게 한꺼번에 바꿀 생각을 하는데 이는 욕심이다. 기능적으로 이상이 없다면 새롭게 교체하는 일을 가급적 줄여야 한다. 싱크대의 문짝은 LPM이라는 재질을 사용하면 가장 저렴하다. 물건지 인근 싱크대 제작 업체를 찾아가 싱크대의 사이즈와 사진을 보여주고 재질을 지정해 주면 수납칸이나 서랍은 알아서 제작해 온다. 붙박이 가구와 신발장은 문짝 표면만 리폼하면 만족스러운 결과를 얻을 수 있을 것이다. 손잡이만 바꿔도 전혀 다른 느낌을 낼 수 있음으로 단순하고 심플한 바 형태의 손잡이로 한다.

[사진 47] 필름지 시공 전   [사진 48] 필름지 시공 후

창틀은 비용이 꽤 들어가기 때문에 기능적으로 바꾸지 않으면 안 될 경우를 제외하고 그대로 사용한다. 보일러는 오래 되었더라도 작동이 되면 교체하지 않는다. 전기콘센트는 낡고 오래된 경우 조명 가게에 의뢰하면 어렵지 않게 교체가 가능하다. 물론 어렵지 않고 시간이 오래 걸리는 작업이 아니기 때문에 직접 할 수도 있을 것이다. 조명은 전구 교체 후 커버만 청소하면 되는데 기구 자체가 파손되어 있거나 없다면 새로 구매해 설치하면 된다. 조명 기구를 몇 개 사면 시공은 무료로 해주는 곳을 찾아 의뢰하면 인건비를 절감할 수 있다.

[사진 49] 현관 센서등 교체 전   [사진 50~51] 현관 센서등 교체 후

셀프 인테리어 목록은 작업의 종류를 나누기만 해도 절반은 완성된다. 종류별로 색상과 재질을 선택하고 비용을 분배해 진행하면 어렵지 않다. 고치고 싶은 욕구를 내려놓고 작업을 할지

말지 정하면 되는 것이다. 한 달 용돈을 정해 놓고 꼭 필요한 곳에만 지출하는 것과 욕구에 따라 그때그때 충동구매하며 지출하는 것의 차이는 상당히 크다. 들이고 싶은 예산을 명확히 정하고 난 후에 작업 범위를 결정하는 것이 좋다. 작업 범위가 결정되면 내가 간단히 수리할 수 있는 부분과 전문가에게 맡길 부분을 나눠 인테리어 목록을 작성하면 된다.

인테리어 예산 짜기 및
업체 선정하기

계획을 수립하는 데는 일을 성취하는 데 드는 만큼의 노력을 기울여야 한다.

_ 지그 지글러

나는 장을 보러 가기 전 먹고 싶은 음식이 무엇인지 생각한 뒤 들어가는 비용을 미리 계산한다. 이때 중국산이냐 국산이냐에 따라 재료의 가격 차이가 나고, 재료의 양에 따라 구매량이 달라진다. 이때 너무 많이 구매해도 다 먹지 못하고 버리게 되는 것처럼 인테리어도 마찬가지다. 예산을 짜기 전에 미리 어느 부분을 어떻게 수리할 것인지 결정하는 것이 예산을 짜는 첫걸음이다.

초보자들이 흔히 저지르는 실수는 "이거 수리하려면 얼마나 드나요?"라고 묻는 것이다. 내가 먹고 싶은 반찬이 무엇인지 남에게 묻는 격이다. 즉 내가 판단해서 기준을 정해 주어야 하는데 그 선택권을 업체에게 넘기는 것이다. 인테리어 업체들은 워낙 많기 때문에 각기 다른 기준을 갖고 있고 견적 또한 그들이 자주 쓰는 자재의 종류와 단가에 따라 금액은 천차만별일 수밖에 없다.

낙찰받은 집 내부를 처음 들여다보는 순간, 가장 먼저 만나는 곳은 현관이다. 현관 출입문과 바닥 타일, 신발장이 눈에 띌 것이다. 집을 보러 온 사람에게 현관은 첫인상인 셈이다. 아무리 외관이 낡았더라도 일단 내부 수리가 잘 되어 있으면 호감도가 급상승한다. 현관문의 색을 바꿔야 할지 바닥 타일을 새로 깔아야 할지 신발장은 그대로 쓸지 등 결정만 하면 된다.

경남의 아파트 한 채를 낙찰받은 교육생이 명도가 완료된 후 나에게 내부 사진을 보여 주었다. 전 소유자가 일부를 훼손하여 상태가 엉망이라며 실망스러운 어투의 문자를 보내왔는데 확인해 보니 신발장과 바닥, 현관문은 모두 새로 인테리어를 한 흔적이 보였다. 단지 신발장의 문짝이 경첩을 떼어내 분리되어 있었을 뿐 재질은 상태가 매우 양호했다. 바로 이렇게 판단을 할 줄 알아야 비용면에서 절감할 수 있는 것이다.

현관 인테리어

인테리어 비용은 크게 자재비와 인건비로 구성된다. 자재를 구입해 자신이 직접 할 수 있는 것은 자재비만 예산에 넣고, 전문성을 요하는 작업은 자재비와 인건비를 모두 예산에 포함해야 한다.

현관문은 되노록 청소만 하는데 너무 노후되었거나 색이 바래 있다면 페인트 작업을 할 때 함께 포함시킨다. 신발장 문짝은 시트로 리폼하고 신발장 손잡이는 철물점에서 직접 구매해 교체하면 되기 때문에 자재비만 예산으로 잡으면 된다.

페인트칠은 베란다 벽면이나 방 문짝을 리폼 할 때 발생되는 인건비에 포함해 일을 진행시킨다. 시트 리폼의 경우도 방문턱이나 문틀을 진행하면서 함께 진행하면 된다. 손잡이는 철물점이나 인터넷으로 개수를 산정해 주문하고 직접 셀프로 교체하

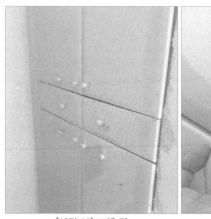 

[사진 52] **교체 전**   [사진 53] **교체 후**

면 현관에 들어가는 예산은 거의 없는 수준이다.

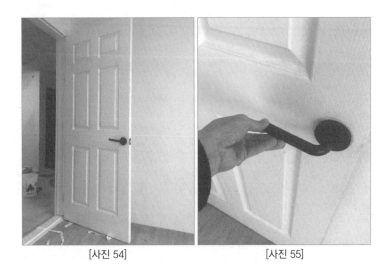

[사진 54]   [사진 55]

주방 인테리어

소형 평수의 빌라나 아파트의 경우 현관을 지나면 곧바로 거실과 함께 주방이 눈에 들어온다. 맨 처음 시야에 들어오는 것은 싱크대인데 외관이 1980년대에 유행했던 붉은 톤의 체리 색상이라면 눈살이 찌푸려지기 마련이다. 여기에 기름때가 잔뜩 끼어 있기라도 하면 계약이 빨리 성사되기는 어렵다고 봐야 한다.

경매로 받은 집의 싱크대는 최근 연식이 아니라면 문짝 표면이 화려하거나 촌스러운 색상을 갖추고 있다. 내부 재질이야 기능적으로 튼튼하다면 되도록 재사용하고 시트를 새롭게 붙이거나 손잡이만 교체하는 정도로 진행하는 것이 좋다. 가스레인지 후드에 기름때가 심하다면 이 정도까지는 교체해 주고 마무리 지으면 된다.

[사진 56] **청소 전**

[사진 57] **청소 후**

· 욕실 인테리어

주방 다음으로 세입자가 중요하게 생각하는 공간이 바로 욕실이다. 매매를 고려한다면 욕실만큼은 수리하는 것이 가치를 올릴 수 있는 방법이 될 것이다. 욕실에서 가장 먼저 살펴야 할 것은 타일과 위생기의 상태다.

위생기란 샤워기나 양변기, 세면대를 말하는데 샤워기가 물이 옆으로 샌다든지 양변기가 덜렁거린다든지 세면대의 배수관이 떨어져 있는지 확인해야 한다.

샤워기는 헤드만 구입해 교체하면 되고 양변기는 교체하는 것이 좋다. 세면대의 배수관은 양변기를 판매하는 곳에 들러 배수관만 사다가 교체해 주고 거울이나 수건장은 장식이 없고 물에 쉽게 썩지 않는 재질로 된 제품을 구매한다.

마지막으로 욕실에서 가장 중요한 것은 벽면과 바닥의 타일을 교체할지 여부를 결정하는 것인데 일반적으로 기존에 붙어 있는 타일을 모두 철거하고 새로운 타일을 붙이지만 비용과 시간을 절약하는 방법으로 접근하는 것이 좋다. 철거를 하게 되면 방수를 해야 하고 방수를 하게 되면 담수 테스트를 거치는 시간이 소요된다. 이 단계를 건너뛰면 예산을 아끼는 데 한몫하게 된다. 기존의 벽 위에 철거 없이 그대로 타일을 붙이면 되는데 벽면은 화이트의 유광 타일이 깔끔하고 밋밋한 무지보다 패턴이 단순한 타일이 좋다. 바닥 타일은 논슬립이 있는 진한 그레이 톤을 써야 벽면의 화이트 컬러와 강한 대조를 이룰 수 있다.

[사진 58] **수리 전**　　　　　　　　　[사진 59] **수리 후**

거실 인테리어

이제 거실과 안방, 작은방에서 가장 큰 면적에 해당되는 벽면 도배 작업에 대해 살펴보자. 전체적인 집의 분위기를 좌우하는 벽지는 색상 하나를 잘 선택함으로써 얻는 효과가 탁월하다. 각종 바닥재와 도배지를 판매하는 인테리어 장식 가게들이 동네에 있을 텐데 대부분 인테리어까지 할 수 있는 능력을 갖추고

[사진 60] **수리 전**

[사진 61] **수리 후**

[사진 62] **수리 전**

[사진 63] **수리 후**

있다. 번듯한 인테리어 회사보다 견적이 저렴하다는 장점이 있는 반면 색 선정에 무감각하다는 단점도 있다. 이럴 경우 색상과 재질은 직접 지정해 주고 시공만 업체에 맡기면 해결된다. 그리고 도배, 장판에 대한 견적을 받아 예산에 포함시킨다.

부천에 있는 아파트가 경매로 나와 수강생인 강성민 씨에게 추천을 한 적이 있다. 그는 과정 2주차 만에 낙찰을 받아 인테리어 수업을 듣고 수리에 들어갔다. 인테리어 업체 3곳을 선별해 견적을 받았는데 대부분 600만 원이 훌쩍 넘는 금액을 제시했다. 해당 아파트의 평수는 전용 15평 수준이었으니 평당 40만 원인 셈이었다. 일반 인테리어 공사에서는 저렴한 편이나 경매로 낙찰받은 집을 인테리어 하기에는 부담스러운 금액이었다.

부천 아파트의 경우 구조가 반듯하고 몰딩과 문짝이 화이트로 되어 있었다. 이를 기본으로 벽지의 컬러와 싱크대, 신발장의 컬러를 대비시키는 전략을 취했다. 다시 말해 손대지 않아도 충분한 부분은 그대로 쓰는 전략을 세우고, 손을 대면 돈이 많이 들어갈 것 같은 부분은 과감하게 메인 컬러로 정했다. 추가적으로 거추장스러운 장식이나 눈에 거슬리는 색상은 없애고, 밋밋한 손잡이를 교체해 주는 것만으로도 비용을 절감하면서 깔끔하게 인테리어 하는 효과를 냈다.

단계별 예산 짜는 방법

1단계 : 예산 제한 금액 기준 세우기

연식 : 1990년대

면적 : 전용 17평 내외

기준 : 올 수리(욕실 포함)

예산 : 400여 만 원 내외

연식 : 2000년대 이후

면적 : 전용 17평 내외

기준 : 부분 수리(욕실 제외)

예산 : 250만 원 내외

2단계 : 예산에 맞춰 공사 범위 리스트 작성

현관 : 신발장 시트 리폼, 손잡이 교체

주방 : 문짝 리폼, 손잡이 교체, 후드 교체

욕실 : 위생도기 교체, 타일 교체

거실 : 도배, 장판

방 : 도배, 장판

베란다 : 셀프 페인트칠

기타 : 조명 부분 교체

3단계 : 업체 견적 비교

공사 리스트를 3군데 업체에게 제시하여 견적을 비교한 후 예산 안에 들어오는 업체를 선정한다. 만약 3곳의 견적이 모두 예산 초과가 되면 업체 작업 범위를 줄이고 셀프 범위를 넓힌다.

4단계 : 마감재 지정해 주기

업체에게 맡기지 않고 낙찰자 본인이 직접 샘플을 지정해 준다.

5단계 : 준공 청소

청소 인력 2명을 섭외해 청소를 마무리한다.

인테리어는 하면 할수록 욕심이 생기기 때문에 예산을 먼저 정해 놓지 않으면 불필요한 돈까지 들어가게 된다. 어떤 부분을 먼저 고칠까에 대해 고려하기 전에 얼마 정도만 인테리어에 투자하겠다는 기준이 필요하다. 국가에서 추경예산을 편성하는 것처럼 미리 쓸 수 있는 돈을 한정시키면 그 규모 안에서 인테리어 할 방법을 찾으면 된다. 더 쓸 수 있는 돈이 있다고 생각하는 순간 대부분 비용이 2배 이상 늘어나는 것을 종종 보았다. 기준도 없이 업체에게 인테리어 견적을 의뢰하면 비용 자체도 천차만별이고 마감재의 재질이나 원가도 서로 다르다.

인테리어에 대한 지식이 있는 상태에서 업체에게 일을 맡기는 것과 전혀 모르는 상태에서 일을 맡기는 것에는 많은 차이가 있다. 아는 만큼 지출은 줄어들고 모르는 만큼 소비는 늘어난다. 인테리어 예산을 미리 한정시킨 다음 수리를 진행하면 충동 지출을 줄일 수 있다. 굳이 손을 대지 않아도 되는 부분은 과감히 포기하는 것이 예산을 합리적으로 짜는 최선의 방법이다.

인테리어에서 비용 줄이는 5가지 방법

"아니, 견적이 왜 이렇게 차이가 나지?"

"얼마 나왔는데?"

"A 업체는 4,000만 원이고 B 업체는 5,200만 원이 나왔어."

백화점 문화센터에 강의를 나간 적이 있었다. 대기 홀에 앉아 있는데 우연히 뒤쪽에 앉아 있는 신혼부부의 대화 내용이 귀에 들렸다. 신혼집 인테리어를 위해 두 업체에 견적을 받고 서로 비교하는 내용이었다. 두 업체가 각각 신혼집을 다녀간 후 견적서를 보내왔는데 금액 차이가 너무 컸던 것이다. 그렇다면 금액 차이는 왜 나는 것일까?

우리나라 인테리어 회사는 상당히 많다. 인테리어는 누구나 자격을 갖추지 않고도 사업을 할 수 있는 분야이기도 하다. 그러다보니 감각이 없어도 영업만 잘되면 사업이 가능하다는 인식이 있다. 이런 상황이다 보니 견적을 받아보기 위해 인테리어 업체를 선정할 때 어느 정도의 감각 수준을 갖추었는지 일반인들은 검증하기가 무척 어렵다. 이는 경매로 인테리어를 할 때 기업형 회사나 아틀리에를 운영하는 디자이너들의 회사를 말하는 것이 아니다. 그런 회사들에게 의뢰하면 회사 이윤이 상당 부분 추가되기 때문에 적은 비용으로 시너지를 발휘해야 하는 경매 인테리어로는 적합하지 않다. 경매 인테리어를 할 때 비용을 절감할 수 있는 방법은 무엇일까?

첫째, 견적 의뢰를 할 때에는 공사 범위에 대해 일관성 있는 기준을 제시한다.

초보자들이 인테리어 견적을 의뢰할 때 흔히 하는 실수 중 하나는 평당 얼마면 되는지 묻는 것이다. 그러나 어떤 자재를 어느 부위에 어느 정도로 쓰는지 모르니 견적은 당연히 천차만별로 나뉠 수밖에 없다. 즉 인테리어 견적을 의뢰하는 사람이 기준을 정해 주어야 한다. 기준이 없으면 인테리어 업체는 자신이 사용했던 자재와 시공 방식으로 금액을 산정한다. 그러니 견적이 중구난방이고 비교하는 것도 어려운 것이다. 견적에 일관성이 있고 비교하기 쉬운 내역을 유도하려면 항상 명확한 기준을 동일하게 제시해야 한다. 여기에 불필요한 내역은 빼고 맡기는 것이 이득인 경우에는 추가하면 될 것이다.

과정 1주차 만에 서산 아파트를 낙찰받은 36세 주부 박영미 씨는 인근 인테리어 업체를 찾아 견적을 의뢰했다. 총 세 곳의 업체에서 받은 견적은 1,300만 원부터 2,400만 원까지 다양했다. 결국 공정별로 직접 업체를 선별해 핸들링하기로 하고 견적을 뽑았다. 욕실 올 수리를 포함해 400만 원 선의 예산이 나왔다. 가장 정직하고 합리적인 업체를 찾아 하나하나 비교한 후 선정해 맡겼기 때문에 애초 견적의 절반도 안 되는 가격으로 수리를 마칠 수 있었던 것이다.

둘째, 셀프로 처리할 부분과 업체를 통해 처리할 부분을 꼼꼼하게 구분한다.

셀프로 했을 때 단점은 직접 시간을 내야 한다는 것인데 정말 돈이 없을 때에는 어쩔 수 없이 셀프로 하지만 전문 업체를 공종별로 맡겨 개별 관리하는 것이 좋다. 인테리어 업체에 통째로 맡길 경우 중간 관리 감독비가 추가된다. 만일 인테리어 비용이 2,000만 원 내외라면 그중 중간 관리자의 인건비와 회사 이윤, 경비가 최소 300만~400만 원 이상을 차지한다고 생각하면 된다. 낙찰자 자신이 중간 관리자 역할만 해도 이 비용 이상을 절감할 수 있을 것이다.

중간 관리자 역할을 하기 위해서는 내가 인테리어 회사를 직접 운영한다는 생각으로 직영 공사를 하면 된다. 직접 디자이너 역할을 하는 것이다. 우선 도배 공사는 낙찰받은 물건 인근지에 소재한 가게를 찾아 주소와 평수를 알려주고 견적을 의뢰하면 된다. 해당 가게는 인근 집들의 도배와 장판 공사를 도맡아 하기 때문에 내부 구조나 대략적인 견적을 알고 있는 경우가 많다. 벽지의 경우 안방과 거실, 작은방 등 위치에 따라 어떤 벽지를 쓸 것인지 지정해 주면 된다. 유의할 점은 내가 선택한 샘플이 없을 경우 업자는 다른 대체 안을 제안하는데 절대 자신의 기준에 맞는 마감재를 직접 골라야 후회가 없을 것이다. 보통 벽지를 판매하는 가게에는 바닥재도 함께 판매하고 시공하는 일을 한다. 별개로 나누어진 도매가게도 있지만 굳이 멀리 찾아 갈 필요는 없다. 경비나 운반비가 배로 소요되니 물건지와 가까운 곳에 위치하고 두 가지를 함께 취급하는 가게를 선택해 일괄적으로 작업을 하는 것이 좋다.

작년 겨울, 충북 제천에서 교육을 받으러 온 32세 직장인 이영진 씨는 인천에 있는 전용 17평 빌라 한 채를 낙찰받았다. 전 소유자가 데코타일을 새로 깔았는데 그 아래 장판을 그대로 두

고 두 겹이 되도록 시공한 것이다. 이런 경우 기존 장판은 들어
내고 한 겹으로 까는 것이 좋고 이때 약간의 두께감이 있는 장
판이 좋다. 장판은 별도의 걸레받이가 필요 없이 꺾어서 올릴
수 있는 장점이 있고 비용도 절감되는 효과가 있기 때문이다. 너
무 두껍지 않은 것이어야 적당한 쿠션도 있으면서 비용도 아낄
수 있다. 가장 얇은 두께를 사용하면 밟았을 때의 느낌도 딱딱
하고 빈약해 보이기 쉽기 때문에 눈에 보이지 않는 부분까지 신
경 써야 내 집의 가치가 올라간다는 사실을 기억하자.

셋째, 색을 단순화하고 가장 많이 차지하고 있는 색과 어울
리는 마감재를 선택한다.

페인트 작업은 크게 두 가지로 분류된다. 수성페인트를 써
야 할 부분과 유성페인트를 써야 할 부분이다. 수성페인트는 시
멘트 벽 위에 사용하고 유성페인트는 목재 위에 사용하면 된다.
방문과 문틀, 목창호의 경우 유성페인트를 사용하고 베란다의
벽이나 천장은 수성페인트 칠을 한다. 베란다 부위는 결로로 인
한 곰팡이가 없다면 직접 페인트를 사다 칠을 하면 손쉽게 해
결된다. 결로가 심해 곰팡이가 많다면 직접 하지 말고 전문 업
체에 의뢰해 탄성코트를 칠하는 것이 비용, 관리 측면에서 장기
적으로 유리하다.

방문과 문틀은 집의 내부 인테리어 분위기를 좌우하는 가장

큰 요소에 속하기 때문이다. 기존 컬러에 맞춰 벽지 컬러를 바꿀지 다른 컬러로 리폼을 할지 선택한다. 만약 기존 컬러가 화이트라면 비용 절감이 되기 때문에 굳이 바꿀 필요가 없다. 여기서 화이트가 아니라도 눈에 띄는 컬러라면 기존의 느낌을 살리는 방향도 좋다.

넷째, 교체냐 리폼이냐 가성비가 유리한 쪽을 선택한다.

주방 공사는 싱크대와 벽면 타일, 이 두 가지만 고려하면 충분하다. 싱크대는 새로 제작할 것인가 하부만 교체할지 상부만 교체할지 결정한다. 문을 열어 내부를 만져보고 기능적으로 튼튼하면 교체할 필요는 없고, 문짝만 시트로 리폼하면 된다. 시트는 인테리어 콘셉트에 맞게 유광이나 무광, 패턴이 있는 시트를 잘 가려서 선택한다.

손잡이는 항상 강조하는 부분이다. 강하게 좁은 면적은 블랙유광을 선택하면 한 눈에 꽂히는 효과를 얻을 수 있다. 주방수전이나 오물이 내려가는 하수망은 되도록 새 것으로 교체하고 가스레인지 후드도 찌든 때가 많을 경우 청소보다는 교체하는 것이 좋다. 싱크대 중앙에 붙어 있는 타일은 싱크대를 새로 교체하지 않으면 작업이 어렵기 때문에 교체할 경우 그레이 톤의 타일이나 블랙과 화이트가 섞인 타일을 사용하면 깔끔하고 세련된 분위기를 연출할 수 있다. 교체하지 않을 경우에는 청소만으로 마무리하고 싱크대 문짝 리폼시 기존 타일 컬러와 매치되는 컬러의 시트를 사용하면 좋을 것이다.

다섯째, 상태가 좋다면 색상이 촌스럽더라도 그냥 둔다.

욕실 공사는 단기간 매매차익을 고려한다면 올 수리를 하는 것이 유리할 것이다. 싱크대의 노후도와 욕실의 상태가 매수를 결정하는 데 중요한 역할을 하기 때문이다. 월세 수익을 고려하고 장기 보유를 목적으로 가져간다면 당장 돈을 많이 들일 필요는 없다. 먼저 천장 상태를 보고 물이 새는 곳은 없는지 확인한다. 낡고 노후가 되지 않았다면 묵은 때를 벗겨내는 것만으로도 충분하다. 그러나 만족스럽지 않다면 SM이라는 재료로 교체해 매달면 된다. 벽타일과 바닥 타일의 경우 부분적으로 손상이 간 부분이 있다면 그 벽면에 한 해서 포인트가 될 만한 타일을 붙이면 쉽게 해결된다. 또는 거울을 이용해 전면에 부착하는 방법도 있는데 벽타일의 경우 사이즈가 작은 것보다는 패턴이 있으면서도 큰 사이즈가 좋다. 일반인들이 보기에 교체해야 될 것 같은 부분도 실제로 보면 굳이 수리가 필요 없는 경우가 많다. 비용을 들일지 아닐지에 대한 판단을 먼저 잘 내리는 것이 중요하다.

경매 인테리어는 지출의 우선순위를 정하고 작업을 진행해야 비용을 절감할 수 있다. 업체에게 견적을 의뢰할 때 같은 기준을 제시하고 내가 직접 수리할 범위와 업체를 통해 수리할 범위를 구분해야 낭비되는 돈이 없는 것이다.

부동산도 하나의 상품이라는 점을 알고 포장하는 것도 매매나 임대할 때 홍보의 전략이 된다. 한눈에 꽂히기 위해서는 색을 단순화할수록 좋고 교체할 부분과 리폼 할 부분을 나누어 수리해야 한다. 상태는 좋지만 기능적으로 아무 하자가 없다면 색이 촌스럽더라도 기꺼이 참고 지출을 막는 것이 현명하다. 또한 직접 발품을 팔아 자재를 구입하고 몸소 작업을 하며 절약하기보다 어떻게 효율적으로 비용을 아끼면서 작업자들을 대행해 일을 빠르고 깔끔하게 마무리할 것인지 고민하는 것이 경매 인테리어에서 돈을 벌 수 있는 지름길이다.

욕실 인테리어는
계약의 승부처다

의류 쇼핑몰에서 마음에 드는 옷을 발견하면 주저하지 않고 돈을 지불하고 곧바로 구매하는데 구매욕을 자극하는 옷은 어떤 디자인일까? 인기 상품은 대부분의 사람들이 좋아할 만한 디자인을 갖추고 있다. 바로 잘 팔리는 상품의 비결은 컬러 궁합에 있는 것처럼 임대 계약에 러브콜이 쇄도하게 하려면 임차인의 구매욕을 자극하는 컬러를 궁합에 맞게 매치시키면 된다. 전체적으로 돈을 많이 들여 충분히 인테리어를 하면 좋겠지만 한정된 예산일 경우에는 욕실을 우선순위로 수리하는 것이 좋다.

욕실은 주방과 함께 주부들이 가장 먼저 눈여겨보는 곳이다.

욕실을 공략한다면 반은 성공한 것이나 다름없기 때문이다.

　"사장님, 이 집으로 계약하고 싶어요."
　"그런데 이 집은 보증금이 다른 집보다 1,000만 원 정도 높아요. 아시죠?"
　"네, 보증금을 더 내도 좋으니 이 집으로 할게요. 욕실이 마음에 들어요."

　내가 용인에 낙찰받은 소형 아파트의 인테리어를 속전속결로 마치고 임대를 내놓고 2주 만에 계약이 성사되었다. 인근 공실로 나온 매물을 모두 돌아보고 왔지만 이 집처럼 욕실을 깔끔하게 한 곳이 없다고 했다. 나에게 교육을 받은 수강생들은 낙찰받은 집을 인테리어 한 후 1개월도 채 되지 않아 계약을 맺는 사례가 많다. 10월에 낙찰받아 수리를 마치고 3일 만에 계약이 되는가 하면 수리를 하는 도중에 집을 보고 가계약금을 거는 사례도 있었다. 이렇게 계약이 빨리 성사되는 결정적인 이유는 모두 욕실 인테리어에 있다. 낡아서 전체적인 수리가 필요하다면 타일 컬러를 중심으로 콘셉트를 잡아 인테리어를 하는 것이 효과적이다.
　만약 예산은 적은데 집 전체를 손봐야 한다면 어떻게 해야 할까? 이곳저곳 저렴한 자재를 구입해 직접 작업을 하는 것이 아끼는 방법일까? 대부분 경매 인테리어에 관한 책들은 절약하는 차원에서 셀프 수리하는 방법을 추천하지만 내 생각은 다르다. 무조건 자신이 한다고 해서 그것이 비용을 절감하는 것은 아니기 때문이다. 인테리어 업체에게 작업을 맡겨 시간을 아끼고 가치를 상승시키는 영역이 있고 굳이 업체에게 인건비를 주지 않고서라도 짧은 시간에 직접 해결이 가능한 영역이 있다.

사업과 직업의 차이를 아는가? 사업은 내가 직접 일하지 않아도 저절로 운영이 되는 시스템을 말하고, 직업은 내가 직접 몸을 움직여 노동을 하는 것이다. 그렇다면 직접 할 시간을 아껴 투자할 물건을 더 찾아보는 것이 옳을 것이다. 돈보다 시간을 아끼고 돈을 주더라도 내가 하는 것보다 가치가 더 상승한다면 오히려 전문가에게 맡기는 것이 돈을 버는 사업가적 방식일 것이다.

경매 공부를 혼자서 한 후 인천에 있는 빌라를 3채 매입한 30대 직장인이 나에게 찾아와 상담을 요청했다. 3채의 빌라 중 한 곳이 지하 1층인데 도대체 3개월이 지나도록 임대 계약이 성사되지 않는다는 것이었다. 이유는 욕실 벽의 사이사이에 있는 곰팡이를 제거하지 못하고 인테리어를 마감한 것이 주된 원인이라고 했다. 나는 수강생들에게 지하층이더라도 반 이상 땅에 묻혀 있다면 되도록 피할 것을 권한다. 반면 공부상 지하라도 현황상 지상으로 완전히 드러나 있거나 3분의 2가 밖으로 드러난 경우는 오히려 좋다. 벽면이 전체적으로 땅속에 반 이상 묻혀 있을 경우 습하기 때문에 곰팡이가 지속적으로 발생한다. 도배를 하기 전에 약품을 사용해 곰팡이를 제거하는 과정을 거치지만 일시적인 것이 아니라면 벽면에 단열재를 부착한 후 벽지를 시공해야 한다. 곰팡이가 생기는 원초적인 원인을 없애지 않으면 냄새까지 유발한다. 이는 계약을 늦추는 요인이 되는 것임을 알고 비용을 들여서라도 해결해야 하는 부분이다.

욕실은 원래 습하고 타일과 타일이 만나는 줄눈 사이에 물때가 끼고 곰팡이가 생기는 일이 많다. 창문이 없어 공기가 통하지 않고 환풍기도 없어 시일이 지나면 곰팡이로 얼룩이 지는 것이다. 만약 비용을 절감하는 차원에서 욕실 공사를 하려면 타일을 교체하지 않고 그대로 사용해야 한다. 이때 색상이 마음에 들지 않더라도 꾹 참고 견디며 깨끗이 청소하는 것으로 마무리해야 한다. 대신 임차인이 직접 사용해야 하는 양변기나 샤워수전, 세면수전과 같은 위생도기는 헐거워졌거나 불편한 수준이면 교체해 주는 것이 바람직하다. 비용 면에서도 그리 큰돈을 쓰지 않아도 손쉽게 구매할 수 있기 때문이다. 거울과 수건장도 비싸지 않으니 함께 교체하면 좋다. 거울은 테두리가 습한 것에 강한 내구성 있는 재질을 선택하고 수건장은 썩지 않는 재질을 골라야 오랫동안 사용할 수 있다.

연식이 오래되어 욕실이 심하게 오염되어 있거나 기능적으로 불편하다면 올 수리를 하는 것이 계약을 빨리 성사시키는 데 유리하다.

대전에서 낙찰받은 빌라의 경우 1995년 식으로 어두운 분홍빛의 타일로 벽면과 바닥이 둘러싸여 있었다. 정신없는 것은 물론 집을 보러 온 사람의 눈살을 찌푸리게 할만 했다. 결국 필요한 부위의 벽면에만 도배를 새로 하고 나머지 비용은 모두 욕실에 투입했다. 욕실을 리모델링 하는 정석은 기존의 타일을 모두 철거하는 것으로 벽면과 바닥 타일을 제거하고 난 뒤 새로운 타일을 붙였다. 이 과정에서 벽면과 바닥에 부착된 모든 위생도기를 떼어 놓아야 하는데 타일을 새로 붙이기 전에 방수 공사는 필수이기 때문이다. 아래층으로 물이 새지 않도록 담수 테스트를 거치고 난 후 시공하는 것이 기본인데 이유는 방수층을 잘못 건드려 아래층이 새는 경우도 있으니 유의해야 하기 때문이다.

그러나 경매 인테리어에서 이렇게까지 공사를 해야 할 필요는 없다. 기존의 타일 위에 새로운 타일을 덧붙여서 마무리하면 시간도 단축되고 방수 공사를 따로 하지 않아도 된다. 수압이 낮아 샤워를 하기가 불편하다면 샤워기의 헤드 부분을 교체해 주면 손쉽게 해결된다. 물줄기를 강하게 해주는 제품을 구매하여 직접 교체하고, 거울도 테두리가 수건장의 재질과 동일한 것으로 세트로 구입해 설치하면 손쉽게 해결된다.

[사진 64] **수리 전**　　　　　　　　　　[사진 65~66] **수리 후**

　초보자들이 가장 어려워하는 부분이 바로 타일의 컬러를 선택하는 일이다. 타일은 국산보다 중국산이 오히려 컬러가 다양하고 저렴한 제품이 많다. 기준을 정하기 어렵다면 화이트, 베이지, 그레이 중 하나를 선택하면 될 것이다. 정해 놓은 예산 안에서 선택할 수 있는 타일을 선별한 후 컬러를 고르는 것이다. 면적이 좁은 벽은 화이트로 하고 면적이 넓은 벽은 그레이나 베이지를 적용하고, 질감을 선택한다. 벽면은 매끈하고 광이 있는 것으로 하고 바닥은 미끄러지지 않도록 논슬립이 되어 있는 다소 거친 면의 타일을 고른다. 질감을 고른 후 사이즈를 결정하는데 300mm × 600mm 이하의 타일을 가로로 시공하면 안정감 있는 분위기를 연출할 수 있다. 타일 표면에 화려한 장식이나 패턴이 있는 것은 가급적 피하는 것이 좋다. 그런 류의 타일들은 가격 대비 고급스럽다고 할 만한 타일이 아니고 공간을 더욱 혼란스럽게 만들기도 한다.

베이지 컬러 타일은 화이트에 비해 따뜻하고 아늑한 느낌을 주지만 적은 비용을 들이는 경매 인테리어에서는 깔끔한 화이트가 실패율이 없다. 바닥 타일을 그대로 재사용한다면 바닥 타일의 컬러와 매치되는 컬러의 타일을 벽에 사용해야 한다. 반대로 벽면 타일을 그대로 사용할 경우에는 벽면 타일의 컬러와 매치되도록 바닥 타일을 선택하는 것이 좋다. 이렇게 타일을 선정하고 나면 타일 가게에서 시공 업자를 연결해 준다. 날짜와 시간을 정해 시공을 맡기면 된다.

타일을 붙일 때 필요한 부자재를 함께 구매해 운반하는 것이 좋은데 이때 주의할 점이 있다. 타일을 구매한 곳에서 위생도기를 함께 구매한 후 한꺼번에 운반하도록 해야 한다. 서로 다른 가게에서 타일과 위생도기를 구매할 경우 운반비가 이중으로 들어가기 때문이다. 타일을 시공하고 나면 가장 마지막에 하는 과정이 줄눈 작업이다. 메지라고 하는데 메지의 컬러를 정하는 것도 중요하다. 화이트 타일을 시공할 경우에는 화이트 메지보다는 그레이 컬러나 블랙 컬러를 사용하는게 좋다. 블랙 메지는 카페의 화장실 같은 곳에서 많이 사용하는데 이때 다소 부담스럽다면 그레이 컬러를 선택해 세련된 느낌을 연출할 수 있다.

나는 카페를 가든 어떤 장소를 가든 화장실을 유심히 살핀다. 인테리어가 잘 되어 있으면 그 가게 주인의 마인드를 잘 알 수 있다. 홍대 주변의 상업 공간들은 특히 화장실을 신경 써서 꾸며 놓는다. 과도한 비용을 들이지 않으면서도 감각적이고 멋스러운 인테리어가 되어 있다. 빠른 계약을 이끌어내기 위해서는 임차인이 욕실을 첫 대면했을 때 계약하고 싶은 욕구를 자극하면 된다.

누구나 성공할 수 있는 컬러 매치는 화이트와 그레이다. 나머지는 장식이 없이 깔끔하고 일관된 재질로 통일하면 구매욕을 자극할 수 있을 것이다. 평소에 감각적인 장소를 방문해 욕실 사진을 찍어 둔다던지 잡지에서 모던하고 간결한 콘셉트로 꾸며진 욕실은 스크랩해 두었다가 참고하면 도움이 될 것이다. 경매 인테리어는 비용을 무조건 많이 들이기보다 가성비를 높일 수 있는 방법을 고민해야 한다. 오히려 예산이 적을수록 아이디어를 통해 인테리어의 완성도가 높아질 수 있다는 것을 알아야 한다. 장식을 배제하고 컬러를 단순화하라. 기존에 있는 디자인을 매치시켜 재사용하는 방법을 연구하면 어렵지 않게 계약이 성사될 것이다.

돈이 적게 들어도
계약이 되는 인테리어 비법

불필요한 것을 사면, 필요한 것을 팔게 된다.

_ 벤저민 프랭클린

인테리어를 잘하는 방법은 매우 쉽다. 돈을 적게 들일수록 장식을 줄이게 되니 자연스럽게 디자인도 단순해지는 효과를 얻게 된다. 채우고 덧붙이고 여러 가지 컬러를 조합해서 사용할수록 비용이 많이 들면서도 효과는 떨어진다. 돈을 적게 들이면서도 깔끔하게 할 수 있는 인테리어 비법은 다음과 같다.

첫째, 예산은 최소한으로 세운다.

돈의 양과 인테리어의 결과는 반드시 비례하지는 않는다. 비용을 많이 들일수록 디자인이 훌륭할 것 같지만 비싼 재료를 조화롭게 매치시키지 못하면 오히려 분위기만 산만해져 투자하고도 가치를 떨어뜨리게 되기 쉽다. 영국의 유명한 뮤지션 중 하나인 미카는 데뷔시절 너무나 가난해 좁고 낡은 공간에서 곡을 썼다. 이 곡들은 우리나라 CF 광고에 쓰일 만큼 너무나 인기 있고 좋은 곡들이 많다. 그는 첫 앨범으로 엄청난 성공을 거두고 넓고 호화스러운 공간으로 이사한 후 곡 작업을 시작했다. 그러나 첫 앨범만큼 좋은 곡들이 나오지 않았고 대중들의 반응은 냉정했다. 그 뒤 그는 다시 그 옛날의 환경을 찾아 돌아가 곡 작업을 하고 있다. 물질적인 환경이 풍부할수록 인간은 게을러지고 나태하기 쉬워진다는 것을 일깨워주는 일화다. 자금이 부족한 환경에서 시작하는 사업가 마인드로 인테리어를 시도하라. 아이디어를 키우면 돈은 저절로 아껴진다.

둘째, 수리하고 싶은 마음을 누른다.

예산을 미리 적게 계획하면 수리하기 애매한 부분은 고민할 이유도 없이 포기할 수 있게 된다. 의도적으로 예산을 적게 책정하고 고치고 싶은 마음을 정리하면 자연스럽게 머리를 쥐어짤 수밖에 없다. 인테리어를 예쁘게 잘하고 싶은 욕망이 머리를 쓰는 일보다 먼저 앞서면 비용은 꼬리에 꼬리를 물고 늘어날 것이다. 돈을 쓰는 일은 욕구에서 비롯된다. 누가 고쳐야 한다고 시키는 것이 아닌데 본인의 욕구를 조절하지 못하면 그 욕구만큼의 비용을 지출하게 되는 것이다.

내가 서울 동작구 사당동에서 신혼생활을 할 때의 일이다. 남성시장을 지나야 집으로 갈 수 있는데 그 길목을 지날 때면 고통스럽기까지 했다. 싸고 맛있는 먹을거리의 유혹이 수없이 많아 뭐라도 하나 사들고 집으로 향했으니 말이다. 그러나 그런 일도 자주 반복되면 가랑비에 옷 젖듯 지갑은 가벼워진다. 마음을 조절하지 못하면 돈은 새어나갈 수밖에 없다는 사실을 기억하라.

셋째, 공사 기간은 짧게 잡는다.

왜 공사 기간을 단축시키는 것이 좋을까. 인테리어를 짧은 기간 내에 끝내고 집을 내놓아야 그만큼 임대 계약하는 시간도 단축할 수 있기 때문이다. 임차인이 집을 보러 왔을 때 수리가 된 상태에서 보는 것과 수리가 되지 않은 상태에서 보는 것은 많은 차이가 있다. 수리가 될 것이라고 알면서도 지금 눈에 보이는 것은 호감도가 떨어지니 계약 확률도 그만큼 떨어지는 것이다. 대부분 다른 곳도 둘러보고 오겠다는 임차인 치고 다시 오는 경우는 그리 많지 않다. 첫눈에 반해 그 자리에서 계약하고 싶다는 말이 나와야 한다.

공사 기간을 느슨하게 잡으면 가장 낭비되는 것은 나의 시간이다. 공사가 끝날 때까지 현장을 왔다 갔다 해야 하고 그 과정에서 소모되는 에너지가 상당하기 때문이다. 가난한 사람은 택시를 타지 않고 시간이 걸리더라도 도보를 이용해 목적지에 가는 것을 선호한다. 돈을 아꼈다고 생각하지만 결코 그렇지 않다. 돈과 시간 중 하나만 선택하라고 한다면 시간을 선택하는 사람이 되어야 더 큰 가치를 벌 수 있다.

넷째, 셀프로 해야 하는 범위를 줄인다.

경매 초보들은 인테리어를 할 때 업체에 맡기지 않고 되도록 직접 공사를 하는 것이 돈을 아끼는 길이라고 생각한다. 직접 공사를 한다는 의미는 낙찰자가 수리에 필요한 도구와 자재를 손에 들고 몸소 인테리어를 한다는 뜻이다. 직장을 다니는 것도 힘든데 퇴근 후 힘든 인테리어까지 직접 하려면 맥이 빠지고 '경매를 왜 하나' 싶은 생각이 절로 든다. 앞서 설명한 바와 같이 시간의 관점에서 이해하면 쉽다.

업체에 맡겨 시간을 아끼면 오히려 나는 다른 일을 할 수 있는 시간이 생긴다. 가성비를 따져보고 내가 해도 빠른 시간에 끝낼 수 있는 일과 내가 하면 더디고 완성도가 떨어질 것 같은 일을 구분해야 한다. 작업량과 범위, 필요한 작업자의 수에 따라 구분하면 되는데 도배나 장판은 전문 업체에 맡기는 것이 좋다. 그러나 문틀이나 붙박이 가구의 문짝을 보수하거나 조명 기구 등을 교체하는 일은 어렵지 않은 일이므로 직접해도 좋다.

다섯째, 한 명의 업자에게 겹치는 공종을 함께 맡긴다.

"여보, 가는 김에 생수도 한 박스 사오세요!" 부부라면 누구나 한 번쯤 이런 경험은 있을 것이다. 하는 김에 부탁하는 일이 일상에서 꽤 많이 벌어진다. 공사를 할 때에도 마찬가지다. 주문하는 사람이 미리 생각을 하고 맡겨야 돈과 시간을 아낄 수 있다. 현관 바닥 타일만 교체하는 경우 업자가 해야 할 일의 양은 반나절감이다. 업자는 하루 일당을 받고 작업하기 때문에 일을 맡기는 입장에서는 비용 손실이 있을 수밖에 없다. 이런 경우 애초에 일의 양을 가늠해서 범위를 정해야 한다. 욕실의 한쪽 벽면이라든지 주방 싱크대 위 벽면에 들어갈 타일 등 공사할 것을 미리 확인해야 공사가 진행될 때 인건비 낭비가 없다. 집 안에 남겨진 폐자재를 버릴 때에도 공사 마지막에 모아 두었다가 한꺼번에 처리해야 이동 비용을 절감할 수 있다.

여섯째, 컬러의 종류는 되도록 적게 제한한다.

다양한 컬러를 많이 사용할수록 인테리어가 돋보인다고 생각하면 큰 오산이다. 현란하고 화려한 벽지나 장식을 꾸미는 일은 유흥주점이나 3류 모텔에서나 통한다. 주거 공간에서는 더더욱 컬러를 가려서 사용해야 한다. 컬러에 둔감하다면 아예 컬러를 통일하는 것도 방법이 될 수 있다. 일반 식당이나 호프집을 보면 핑크색 꽃무늬가 있는 벽지가 종종 눈에 띈다. 연식이 오래된 빌라의 경우에도 이런 벽지를 만날 수 있다. 평수가 적고 벽 면적이 잘게 분리되어 있으면 벽지를 한두 가지만 선택한다. 거실과 각 방, 두 공간으로 분류에 컬러를 나누면 자재의 낭비도 없고 비용도 추가로 들어가지 않는다. 벽지뿐만 아니라 싱크대나 붙박이 가구의 문짝, 그리고 신발장 컬러가 상이할 경우에는 리폼 하는 시트의 컬러도 한 가지로 통일하여 호감도를 상승시킬 수 있다.

일곱째, 포인트는 강하고 진한 컬러를 선택한다.

일반인이 눈 감고도 할 수 있는 컬러 사용법은 화이트 바탕에 블랙 컬러를 점을 찍듯 사용하는 것이다. 한국의 수묵화 기법처럼 흰색 화선지 위에 먹으로 그린 작은 돛단배처럼 진한 컬러를 작은 면적 단위로 쓰면 된다. 컬러의 수는 너무나 많기 때문에 월세 계약을 유도해내는 몇 가지의 컬러 조합만 알고 있으면 된다.

예를 들면 욕실 벽은 화이트 타일에 그레이 메지나 블랙 메지, 바닥은 그레이 컬러나 블랙 컬러를 매치시킨다. 각 방의 경우 세 벽면은 화이트 벽지로 하고 나머지 벽면은 포인트가 될 만한 무늬를 선택한다. 컬러를 예로 들면 그린이나 스카이블루, 컬러가 투톤인 스프라이트 패턴을 매치시키면 효과적이다. 임차인이 집을 보러 현관에 들어섰을 때 멀리서 곧바로 보이는 벽면에 포인트 컬러를 적용하는 것도 계약을 유도하는 전략이다.

여덟째, 시공업자의 감각을 믿기보다 나의 안목을 기른다.

전문가에게 일을 주문할 때 자주 하는 실수가 있다. 그것은 너무나 쉽게 업자의 말에 귀를 기울인다는 것이다. 특히 벽지를 고르는 안목이 없으면 업자가 추천하는 벽지를 사용하게 된다.

"사장님, 요즘 어떤 벽지를 많이 써요?"

"이런 거 많이 쓰죠, 해놓으니까 예쁘더라고요."

"아, 그래요? 그럼 이걸로 해주세요."

이런 대화가 끝이다. 책을 읽을 때 베스트셀러만 찾는 사람과 다를 바 없는 것이다. 요즘 어떤 책이 잘 팔리는지를 기준으로 두면 자신의 생각 없이 다른 사람들의 기준으로 책을 읽는 것과 다름이 없다. 인테리어 감각을 키우는 방법은 간단하다. 평소 관심을 갖고 핫 플레이스나 감각적인 공간을 의도적으로 찾아가는 것이 도움이 된다. 시간상 어렵다면 인테리어 잡지를 자주 보거나 웹 사이트에서 원하는 스타일의 인테리어를 찾아보는 것도 좋다. 내가 샘플을 골라줄 수 있는 수준이 되면 돈과 시간에서 자유로워지고 전문 인력을 핸들링 할 수 있게 된다.

아홉째, 대체할 수 있는 기발한 재료를 찾는다.

낙찰받은 아파트의 거실 바닥이 고가의 온돌마루인 경우가 있었는데 군데군데 찍혀 있어서 보기 좋지 않았다. 마루는 손을 봐야 할 제품 외에 맞물려 있는 정상적인 마루까지 함께 떼어내고 새로운 제품을 깔아야 한다. 인건비까지 계산하면 만만치 않은 금액이 들어간다. 이럴 때에는 보수용 색연필을 쓰거나 유사한 컬러의 시트를 구입해 손을 보는 것이 좋다. 한두 군데 정도라면 수리하고 폐인 곳이 넓게 퍼져 있다면 부분적으로 시트를 붙이는 것으로 만족해야 한다.

한 번은 욕실 벽이 너무 오래되어 타일에 구멍이 난 적이 있었다. 타일 전문 시공 업체에 의뢰했더니 욕실 벽타일 전체를 뜯지 않으면 안 된다는 것이었다. 결국 구멍 난 부분을 가릴 수 있는 크기의 거울을 제작해 직접 붙였던 기억이 난다. 방문에 구멍이 나 교체하기 애매한 경우도 있는데 이런 경우에는 도장 공사에서 사용하는 퍼티를 채워 넣고 시트로 손을 보면 효과적으로 마무리할 수 있다. 이렇듯 서로 다른 용도의 제품을 다른 관점에서 생각하고 적용해 보면 의외로 쉽게 대처할 수 있다.

열째, 모던한 스타일을 적용한다.

90년대의 집만 해도 몰딩이나 문짝의 패턴이 클래식한 스타일을 추구했다. 거실 등을 감싸고 있는 몰딩의 테두리가 꽃문양을 하고 있다 던지 방 문짝이나 걸레받이의 모양새가 시트를 작업할 수 없을 만큼 요란스럽게 되어 있는 경우가 많다. 군더더기가 많은 형태들은 복잡하고 정돈되지 않은 느낌을 주기 때문에 간결한 분위기로 바꿔줘야 스타일이 살아난다.

가장 비용이 적게 드는 방식은 모던한 컬러와 모던한 형태를 통일시키는 것이다. 기존의 모양새가 다소 클래식해도 컬러만 모던하게 바꿔주면 된다. 벽지와 몰딩을 화이트 컬러로 동일시하면 복잡했던 문양이 묻히고 단순하게 보이는 효과가 있다. 되도록 불필요한 장식은 제거하고 벽면과 걸레받이, 문틀과 문의 컬러를 한 가지로 통일하면 모던한 스타일을 연출할 수 있다. 한 가지 자재를 쓸 경우 상대적으로 여러 가지 컬러를 쓰는 것보다 비용이 일정 부분 절감되고 작업 시간도 단축된다.

인테리어를 하다 보면 비용이 줄어들기는커녕 늘어날 때가 많다. 업체에 대행을 맡기는 경우에는 추가 비용이 한없이 늘어나게 되고 할수록 욕심이 생기니 끝이 없다. 그러므로 나의 기준이 없고 업자의 말을 무조건 신뢰할 경우 굳이 수리하지 않아도 되는 부분까지 하게 되는 경우도 발생한다. 속된 말로 덤터기를 쓰기도 하는 것이다.

내가 원하는 이상형의 기준이 명확하다면 만나는 이성의 스타일을 고르는 일은 결코 어렵지 않을 것이다. 수리를 하기 전에 비용을 최소화할 수 있는 콘셉트의 기준을 명확히 하면 돈이 적게 들 뿐만 아니라 인테리어 스타일도 담백해지고 깔끔하고 효과적인 분위기를 연출할 수 있다.

월세 계약이 잘되는
6가지 비법

이사를 하기 위해 한번 쯤 집을 구하러 다닌 적이 있을 것이다. 직장생활을 하던 당시 내가 집을 계약했던 기준은 '월세가 얼마나 싼 집이냐' 하는 것이었다. 매월 나가는 월세는 월급쟁이에게 여간 부담되는 것이 아니기 때문이다. 입찰을 하기 전에 가장 먼저 선행되어야 하는 것은 해당 물건지의 임차인 수요가 무엇을 원하는지 사전에 파악하는 일이다. 더욱 입지가 뛰어나고 편의시설이 잘 갖추어진 주거 환경이 좋은 물건이라면 인테리어가 절대적인 요인이 되지는 않는다. 하지만 입지가 다소 좋지 않은 물건이라면 주변 유사 매물들보다 인테리어 수준이 월

등히 좋아야 계약을 빠르게 성사시킬 수 있다. 다시 말해 투자 지역으로 이사를 오는 사람들의 연령층을 파악해 타깃팅 해야 하는데 몇 가지 더 살펴보자.

첫째, 투자 지역의 수요층을 파악한다.

나 홀로 직장인이나 형제, 자매, 친구 두 명 정도가 서로 월세를 나눠 부담하며 거주하는 유형이 있다. 방 2개와 거실 겸 주방, 욕실을 갖추고 있는 구조가 주를 이룬다. 평수가 적은 구조는 20~30대 직장인들에게 인기가 많은데, 좁은 공간일수록 넓어 보이게 하는 인테리어를 구사하는 것이 임차인의 마음을 움직이는 결정적인 요인이 된다. 가령 집을 보러 가면 일반적인 12평의 느낌을 가지고 '12평이니 이 정도 될 것이다'라고 생각한다. 좁은 공간은 훨씬 넓어 보이면서 컬러 매치를 잘 대비시켜 인테리어를 하면 계약하고 싶은 욕구를 일으킬 수 있다. 투자 지역을 찾는 거주자들의 유형을 파악하는 것만으로도 인테리어의 절반은 끝난 것이다.

물건지 인근에 상업지구가 이어진 경우에는 30대 후반부터 40대 초반의 연령대가 주를 이룬다. 장사를 하거나 맞벌이 하는 직장인 부부가 많은데 캐주얼한 느낌의 모던 스타일도 나쁘지 않지만 다소 편안하고 멋스러운 느낌의 베이지 계열의 컬러를 콘셉트로 적용하는 것을 추천한다. 중년이 선호하는 공간의 분위기는 차분하고 심신이 편안하게 느껴지는 인테리어다. 베이지 컬러와 인접한 컬러들을 매치하는 것이 너무 튀지 않고 부드러운 느낌을 연출할 수 있다. 교육 환경이 잘 구성되어 있는 지역은 아이가 있는 3~4인 가족의 수요가 많다. 방은 3~4개 정도가 필요하고 아이 방으로 사용하는 작은 방의 경우에는 밝고 재미있는 느낌이나 집중력을 향상시킬 수 있는 컬러로 분위기를 연출하면 좋다. 구성원의 연령층이 다양하므로 그에 맞는 콘셉트로 각 방에 적용하면 호감도가 상승한다.

[사진 67]   [사진 68]   [사진 69]

둘째, 저렴하지만 고급스러운 느낌이 나는 마감재를 선정한다.

가격이 싸면서 고급스러움이 있는 재료를 고르기란 쉽지 않은 일이다. 반대로 비싸지만 고급스러워 보이지 않는 재료도 있다. 비용은 있는 대로 투자해 모든 스타일을 마구잡이로 적용한 인테리어는 낭비일 수밖에 없다. 경매 인테리어의 목적은 같은 비용으로 다른 임대업자의 집보다 인테리어를 훨씬 더 뛰어나게 잘하는 것이다. 같은 비용 혹은 더 저렴한 비용으로 훌륭한 인테리어를 하려면 어떻게 해야 할까. 벽지의 경우 고급스러운 느

[사진 70] 수리 전

[사진 71] 수리 후

[사진 72] 수리 전

[사진 73] 수리 후

낌을 내기 위해서는 잔무늬가 일정 패턴을 유지하고 있는 것이 좋다. 바닥재는 밝게 하되 패턴끼리의 간격이 좁은 것이 좋다. 바닥재는 너무 얇은 것은 피하고 다소 두께감이 있어야 밝는 느낌이 좋다. 패턴은 밝은 우드 느낌이면서 단순한 것이어야 한다. 손잡이는 유광보다 무광 느낌의 재질을 선택하고 화이트 문짝에는 블랙 무광을 사용하는 것이 가장 효과적이다. 우드 컬러의 문짝에는 실버톤의 무광 손잡이를 사용하고 블루 계열의 문짝은 골드 계열의 손잡이를 사용하면 좋다. 서로 대비되는 색은 인접할 때 서로를 자극하여 최고의 호감도를 발휘한다.

셋째, 컬러는 세 가지 이내로 쓴다.

임차인이 현관을 들어서자마자 칙칙한 컬러와 시선이 마주친다면 계약을 하고 싶은 마음이 들까? 무의식적으로 고개를 돌리거나 눈을 찌푸릴 것이다. 반대로 컬러의 매치가 잘된 공간을 만난다면 아무 부담 없이 그 공간을 편안하게 느낄 수 있을 것이다.

한눈에 들어오지 않는 인테리어의 특징은 여러 가지 컬러들이 한 공간에 섞여 있을 때가 많다. 그래서 컬러가 많으면 집중이 되지 않고 산만하게 느껴지기 때문에 가급적 컬러의 수를 제한하는 것이 좋다. 일반적으로 색감이 떨어지는 사람은 한두 가지의 컬러만 사용하면 실패 확률이 없다. 무분별하게 사용할

수록 비용만 들어가고 저렴한 티가 많이 난다는 점을 알아두
자. 흰 도화지 위에 강렬한 느낌의 점을 찍는다고 생각하면 이
해가 쉬울 것이다. 화이트, 그레이, 블랙을 매치시키거나 베이지,
브라운, 블랙을 대비시키면 간결하고 모던한 분위기를 연출할
수 있다. 큰 면적에는 밝은 컬러를 쓰고 적은 면적에는 강한 컬
러를 살짝 사용하면 된다.

[사진 74] **수리 전**   [사진 75] **수리 후**   [사진 76] **수리 후**

넷째, 덜 꾸밀수록 계약이 빨리 된다.

대학에서 1학년 아이들을 가르치다 보면 화장기 가득한 여
학생들이 눈에 띈다. 2학년이 되고 3학년으로 올라갈수록 화장
이 옅어지기 시작한다. 학생들은 졸업을 할 때 즈음 화장을 한
듯 안 한 듯 하는 것이 훨씬 돋보인다는 사실을 뒤늦게 깨닫는
것이다. 실내 공간도 마찬가지다. 덜 꾸밀수록 돋보이는 효과를
이끌어낼 수 있다. 너무 쉬운가? 사람들은 자꾸 더하려고 하는
데 기본에 충실하자. 충분히 비워두고 채우는 것은 임차인의 몫

으로 남겨두기만 하면 될 것이다. 장식을 배제하고 최소한의 디자인만 한다는 생각으로 인테리어를 해야 한다. 기능적으로 고장이 난 것은 교체해 주고 허전한 느낌이 들어도 그것으로 만족할 줄 아는 것이 중요하다. 계약이 빨리 성사되는 조건은 평수보다 넓어 보이며 산만하지 않고 정돈된 첫인상을 주는 데서 출발한다.

[사진 77] **수리 전** [사진 78] **수리 후** [사진 79] **수리 후**

다섯째, 거실 벽면에 포인트 벽지를 시공한다.

아파트는 대체로 거실의 이미지 월에 패브릭이나 무늬목 시트로 된 알판을 쓴다. 봐줄 만한 수준도 아니지만 그래도 빌라의 거실 벽에 시공된 벽지보다는 나은 편이다. 계약을 빠르게 이끌어내려면 포인트로 쓰이는 벽지의 컬러가 강렬해야 한다. '강하다'는 의미는 보는 눈을 자극할 만한 색이어야 한다는 뜻이다. 자극이 되면 살고 싶은 욕구가 생기고 욕구가 생겨야 계약까지 이어질 수 있기 때문이다. 포인트 컬러를 사용할 때에는 공간 전체를 구성하고 있는 몰딩과 걸레받이, 천장 몰딩, 문과 문틀의 컬러를 고려해서 벽지를 선택해야 한다. 평수가 크든 적든 패턴에 리듬감이 있는 디자인의 벽지를 고르면 효과적이다.

[사진 80] **수리 전**   [사진 81] **수리 후**   [사진 82] **수리 후**

여섯째, 재질은 때가 덜 타고 오래 쓸 수 있는 기능을 고려한다. 표면이 매끈할수록 화이트에 가까운 컬러일수록 때가 많이 탄다. 현관 벽면의 경우 특히 때가 많이 타는데 이유가 무엇일까. 신발을 신거나 벗을 때 한쪽 손으로 벽면을 만지게 되는데 손으로 만지는 부위만 시커멓게 변하는 것을 알 수 있다. 손바닥과 벽지의 접촉면이 곧바로 닿지 않는 질감을 사용해야 때가 덜 탄다. 쉽게 말해 만져 봤을 때 음양이 있어야 하는 것이다. 가로 패턴보다는 세로 패턴이 세련되고 관리하기도 편하다. 컬러는 단색보다 2가지 정도 유사한 색들이 들어간 벽지가 좋고 실크보다는 합지를 사용해야 비용과 시간이 절감된다. 합지는 소형 평수의 경우 하루 만에 끝낼 수 있지만 실크 도배의 경우 2~3일이 소요되기 때문이다.

거실과 현관의 벽지는 무채색을 사용하되 질감이 풍부하고 다소 진한 색을 쓰는 것이 좋다. 각 방의 벽지는 밝고 화사한 컬러를 사용하고 안방의 경우 아이보리나 베이지 톤의 컬러가 있는 안정감 있는 패턴을 사용하면 시선을 편안하게 해준다.

[사진 83] **수리 전**   [사진 84] **수리 후**   [사진 85] **수리 후**

같은 가격일 경우 인테리어가 감각적인 집이 계약 성사가 빨리 될 확률이 훨씬 높다. 동일한 상품을 재래시장에서 파는 것과 포장을 고급스럽게 한 다음 백화점에서 파는 것에는 상당한 가격 차이가 있다. 사람들은 포장이 잘되어 있는 상품에 가치를 부여하고 돈을 지불하는 것이다.

부동산 또한 인테리어를 통해 가치를 상승시킬 수 있는 요인 중 하나이다. 기업이 소비자의 욕구를 파악해 그에 맞는 상품을 출시하는 것처럼 임대인 또한 임차인의 욕구를 파악해 인테리어에 반영하는 것은 기본이다. 한눈에 꽂히는 인테리어는 단순한 컬러를 어울리게 배치하고 저렴하지만 고급스러워 보이는 재질감을 선택할 수 있는 감각이 중요하다. 감각을 키우는 일은 오랜 시간이 걸리지만 경매 인테리어에서 필요한 감각은 원리만 알면 단시간 키울 수 있다.

대한민국 경매 투자

초판 1쇄 인쇄 2018년 12월 15일
초판 1쇄 발행 2018년 12월 22일

지 은 이 **김서진**
펴 낸 이 **권동희**
펴 낸 곳 **위닝북스**
기   획 **김도사**
책임편집 **이양이**
디 자 인 **이선영**
교정교열 **김진주**
마 케 팅 **강동혁**

출판등록 **제312-2012-000040호**
주   소 **경기도 성남시 분당구 수내동 16-5 오너스타워 407호**
전   화 **070-4024-7286**
이 메 일 **no1_winningbooks@naver.com**
홈페이지 **www.wbooks.co.kr**

ⓒ위닝북스(저자와 맺은 특약에 따라 검인을 생략합니다)
ISBN 979-11-88610-93-8(13320)

이 도서의 국립중앙도서관 출판도서 목록(CIP)은 서지정보유통지원시스템 홈페이지(http://seoji.nl.go.kr)와 국가자료공동목록시스템(http://www.nl.go.kr/kolisnet)에서 이용하실 수 있습니다.(CIP제어번호: CIP2018039885)

위닝북스는 독자 여러분의 책에 관한 아이디어와 원고 투고를 설레는 마음으로 기다리고 있습니다. 책으로 엮기를 원하는 아이디어가 있으신 분은 이메일 no1_winningbooks@naver.com으로 간단한 개요와 취지, 연락처 등을 보내주세요. 망설이지 말고 문을 두드리세요. 꿈이 이루어집니다.

※ 책값은 뒤표지에 있습니다.
※ 잘못 만들어진 책은 구입하신 서점에서 교환해 드립니다.